능력있는 그리스도인

건강한 신앙과 영성회복

김 한 기 목사

능력있는 그리스도인

신앙의 참된 치유는
단절된 하나님과의 관계를 개선하는 것이다.

글을 쓰면서

하나님이 원하시는 우리의 삶은 아름답고 건강한 신앙적인 삶일 것이다. 그러나 부패한 우리들의 삶은 고통과 절망 가운데 있으며, 영육 간에 병들어 있을 뿐 아니라, 불안과 두려움 가운데 세상적인 삶을 살아가고 있다.

근원에서 끊어진 시냇물은 곧 말라버리고 고인 물은 썩기 마련인 것처럼 우리 인간도 하나님을 등지고 하나님의 생명력에서 분리되면 생명의 뿌리인 신앙의 건강한 삶도 말라버리게 된다.

신앙의 참된 치유는 바로 영성회복에 있다고 본다. 참된 치유란 질병의 상태에서 건강의 상태로 회복하는 것을 뜻하는 것이다. 곧 치유란 비정상 상태로 이탈된 것을 정상의 상태로, 이전보다 더 완전한 회복을 달성시켜 주는 것을 의미하고 있다.

그래서 우리의 불신앙과 신앙적으로 꺾어지고 와해된 그릇된 삶을 성하게 만들어주고, 부패된 인간성을, 건강한 자아가 형성된, 신실한 인간성으로 회복시켜 나가는 것에 뜻을 두고 '건강한 신앙과 영성회복'이란 제목을 붙여보았다.

　오늘날은 자기중심적인 잘못된 신앙생활로 하나님과의 관계가 악화되어 병들어 있는 심령들이 너무나 많다. 이런 잘못된 신앙의 치유를 위한 영성회복은 곧 자아중심적인 삶을 바르게 고쳐서 예수 중심의 삶으로 변화시켜 나가는 것이다. 이러한 믿음의 치유가 있어야 건강한 신앙생활로 기쁨과 확신과 강건한 삶을 영위할 수 있을 것이다.

강남은혜 치유선교센타 개원식을 맞이하며

2000. 9. 20. 김 한 기

차   례

1장. 건강한 신앙을 위한 영성회복

건강한 신앙의 삶을 살기 위해서는
참된 믿음의 영성회복에 그 중점을 두어야 한다.
주 안에 있는 우리는 참믿음으로 그분에게 모든 것을 맡기고
내면의 자유함에 이르면 어떤 문제도, 질병도, 고통도 해결되는 것을
체험하는 역사가 이루어진다.

1. 영성적 자기발견

인간은 영성을 가진 존재이다.

영성적 자기발견이란 우선적으로 성령의 역사로 말미암아 영혼이 자기 존재를 발견하게 되고 그리스도 안에서 자신이 어떤 존재인가를 발견하는 것이다.

오늘날은 수많은 정보를 공유하며 살아가는 정보시대여서 새로운 발견과 발명이 홍수처럼 쏟아져 나오고 있다. 이러한 변화 가운데 창의력이 더욱 돋보이는 시대에 살아가고 있지만, 정작 그 근본이 되는 인간의 문제는 개선되지 않고 있다. 이것을 알 때 이 세상에서 가장 위대한 발견은 자기발견이라 할 수 있다.

타락한 존재로서의 지성, 감정, 의지 등은 자연히 병든 인간성으로 부패한 삶을 살아갈 수밖에 없다. 그러나 건강한 영성이 지배하는 '구원받은 이성을 가지고 자기 본래의 기능을 다할 때 비로소 건강한 삶의 원동력이 되고 참된 신앙적 받침이 될 것이다.

"나는 누구인가?"하고 막상 질문을 하고 나면 그보다 더 애매모호한 질문은 없는 것 같다. 먹고, 마시고, 시집가고, 장가가고, 아들 딸

낳고 살다가 죽어 땅 속에 묻히는 거지 그 이상의 것이 뭐가 있겠느냐 하는 답은 세상 사람들의 생각이다. 마치 검푸른 바다에 떠있는 일엽편주에 몸을 싣고 풍랑을 맞이하여 불안과 절망감으로 떠있는 곳이 어디며, 어디로 흘러가고 있는지, 그다음 상황이 어떻게 전개될지 모르는 막막한 삶이 바로 세상적인 삶이 아니고 무엇이겠는가?

만약 믿음을 가진 그리스도인도 똑같은 세상적인 삶에 처해 있다면 그들과 다를 바가 하나도 없다. 그러나 믿음을 가진 우리는 하나님을 믿는다. 오늘 비록 인생의 먹구름이 끼어 앞을 볼 수 없지만 반드시 저 먹구름이 지나가면 밝은 태양이 떠오를 것이며, 또한 칠흙같은 인생의 밤에 처하더라도 그 어두움이 짙을수록 여명은 빨리 다가오리라는 소망과 확신적인 믿음으로 살아가는 것이다.

오늘 내가 어떤 존재이며, 누구라는 사실을 모르고서는 인생의 궁극적인 해답을 찾기가 힘들다. 자신을 모르고서 먹고, 자는 것으로 무의미한 삶을 영위하는 것은 동물적 생존과 무슨 차이가 있는가? 인간은 하나님이 주신 이성의 판단과 영적 조화를 이룰 때에 비로소 하나님이 창조하신 의도대로 참된 인간성을 되찾고 건강한 삶을 살아갈 수가 있다.

우리는 먹고, 마시고, 숨쉬고, 일하고, 마지막으로 가는 곳이 어디인가를 알아야 한다. 이런 한계상황을 알게되면 인간 스스로가 해결할 수 있는 것은 아무것도 없다는 것을 알게 된다.

그러나 자기발견 속에 예수 그리스도의 보혈의 능력과 하나님의 놀라운 사랑과 성령의 인도하심의 비밀을 알게 되면 우리의 삶이 얼마나 큰 은총의 삶인지를 알게 될 뿐 아니라 그 은혜의 감사함을 말로써는 다 형용할 수 없을 것이다.

하나님의 형상대로 지음받은 인간은 위대하다(창 1:27). 물질로만 구성된 생명체가 아니라 영과 혼과 육으로 구성된 독특한 존재이다. 그 어떤 생명체도 인간처럼 지음받지 못했다는 사실 하나만 가지고서도 우리는 하나님의 지극한 사랑 속에 지음받고 또 삶을 영위하고 있는 것이다.

영은 혼을 지배하면서 육체 속에 거한다. 우리는 혼을 통하여 지식과 희로애락과 의지를 나타내고 하나님이 주신 만물을 이용하며 다스려 나가고 있다.

육체는 주어진 본능대로 그 기능을 발휘하고 존재한다. 그러나 그러한 기능들이 정지하면 단순한 물질로 사라진다. 물질이므로 물질의 기능이 죽으면 그것으로 물질세계와는 끝이지만 영혼은 영원불멸하여 그 육체를 떠나서 영원의 세계로 가게 된다.

세상적인 물질의 세계를 누리고 사는 자는 죽는 것으로 끝이 나는 것으로 착각하지만, 그때부터 본격적인 영원의 삶이 우리 앞에 기다리고 있다는 사실을 알게 되면 우리는 영생의 복을 누리기 위한 삶을 살아야 할 것이다.

사람은 영의 동물이다. 그러나 짐승은 혼적인 동물이다. 개나 고양이가 하나님을 섬기기 위하여 예배드리지 않는다. 그들에게는 영이 없기 때문이다.

오직 영만이 영적 세계를 안다. 그러므로 오직 영적 세계는 영으로 거듭난 자만이 갈 수 있으며 중생한 자만이 부활할 수 있는 세계이다.

인간에게 영이 있다고 해서 모두가 영의 세계와 교통하는 것은 아니다. 영의 세계와 단절된 인간은 육과 혼의 삶을 살아가기 때문에 세 가지 구성요소를 갖춘 인간을 도저히 이해할 수 없으므로 구원의 삶이 되지를 못한다.

아담의 원죄로 인하여 오늘날까지 막혀있던 불목의 담을 허물기 위하여 이 땅에 오신 예수님의 십자가 대속의 은총과 그 사랑을 알지 못하고서는 저들에게 십자가의 도가 어리석게만 보일 것이다(고전 1:18).

주님의 사랑으로 다시 영적 교통이 재개된 참으로 놀라운 기적이요, 감격과 감사의 은총이 아니고 무엇이겠는가? 내가 내 죄를 청산하기 위한 노력을 해도 소용이 없다. 그것은 오직 주님의 은혜로만 가능하다. 내 죄를 사하여 주신 십자가의 사랑은 바로 하나님의 놀라운 은총이며 사랑 자체이신 그분의 한없는 사랑이다(엡 2:8-9).

영교가 이루어진 사람은 이제 전의 삶과는 확연히 다른 삶으로 변화받게 된다. 왜냐하면 흔적인 지배 아래 살던 부패하고 패역한 삶이 아니라 모든 죄의 세력에서 해방을 얻고 하나님 앞에 의롭다함을 입은 구원받은 새신분을 얻은 존재가 되기 때문이다.

흔적인 삶은 혼을 통해 희로애락의 감정을 표현했고, 어떤 일을 할 때 하겠다 안하겠다는 갈등 속에 의지를 표현했던 삶이다. 그러므로 영과 육이 혼의 포로가 되어 자기 감정대로 사는 것이고, 본능과 자기의 의지, 자신의 지식과 수단과 방법에 의지하여 살았던 삶이다(요일 2:16).

혼이나 육체는 가시적(可視的) 범주에서 벗어나지 못하고 혼과 육의 노예라는 한낱 탐욕의 본능에 갇혀 멸망할 수밖에 없는 허무의 삶을 살아갈 수밖에 없는 것이다.

그러나 영적 교통의 재개는 곧 보이지 않는 불가시적(不可視的) 세계이지만 곧 실상이다. 모든 것을 창조주이신 하나님께 맡기는 삶이므로, 지식은 없지만 하나님이 주신 지혜로 지식의 노예가 되지 않고, 화가 나도 혈기를 내지 않고 본능대로 좌지우지하지 않는다.

자기를 제어하는 힘이 자기의 본능이나 혼의 힘보다 강해야 한다. 과연 그것이 가능할까 하고 자신의 노력으로 절제하고 또 이겨보려고 아무리 노력하지만 그것은 혼적 노력에 불과하다. 이것은 바로 성령의 도우심에 의지하여 영적으로만 가능한 일이다.

혼의 지배하에 있는 이상 자기가 영교를 한다고 해도 그 사람의 개성은 절대로 변하지 않는다. 급한 성격, 불같은 성격이 어디 가겠는가? 꼼꼼한 사람이 신앙을 가졌다고 갑자기 느슨해지는가? 절대로 그렇지 못하다. 그러나 우리의 내면 깊숙이 성령께서 내재하시며 역사하시므로 마음이 변하게 된다. 그리스도의 모습으로 서서히 변화되어 간다. 미움이 연민으로, 악의가 선의로, 복수가 용서와 긍휼로 변해가는 과정이 바로 영성화되는 것이다.

바로 이것은 하나님과 교통함으로써 깨닫게 되는 것이다. 진리 안에 들어서게 되면 어두웠던 눈이 밝아지고, 마음의 때가 사라지고 그리스도가 이땅에 오셔서 우리에게 가르쳐 주시고 본을 보여주셨던 사랑과 용서와 긍휼의 자비하신 마음이 생긴다. 자신의 마음으로 영이 혼을 지배하기 때문이다.

성령은 이런 영의 혼절을 깨어나게 하고 직관, 양심, 영교라는 영의 기능을 되살려 우리와 함께 하신다. 그러므로 이러한 성령의 사역을 자신 스스로가 도와야 한다. 그러한 성령님을 환영하고 모셔들일 때 그리스도 안에서 새로운 피조물이 된 것을 알 수 있다(고후 5:17).

그리스도 안에 있는 나는 참으로 존귀한 존재라는 사실을 알게 되고 또 그와 더불어 영적 성장과 성숙함을 거쳐서 혼과 육을 다스릴 수 있는 존재가 된다. 장성한 믿음의 분량에 들어가면 성령께서 내 안에 신령한 집을 짓고 나를 성전삼아 내재하시므로 아무리 나의 육신이 본능을 따라 음란하려고 해도 곧 영이 이것을 저지하며 자기의 소유권을 발동하게 된다(갈 5:17).

예를 들어 혼이 절망감에 좌절할 때 '살아서 무엇하나' 하는 명령을 내려 유혹하여도 영이 자신의 권능으로 그러한 혼적인 것을 차단시킨다. 그리고 오히려 더욱더 강한 삶의 소망과 의욕으로 절망감을 극복케 하여 승리하게 되는 것이다.

내 안에는 항상 두 자아가 공존해 있다. 하나는 혼적이고, 하나는 영적인 것이다. 혼은 외부의 환경에 의한 영향을 받지만, 영은 내면에서 전달되는 하나님의 직관에 의하여 움직일 뿐이다.

자신의 진정한 실체를 파악하고 깨달은 영적인 사람으로 존재할 때 하나님의 지혜가 나의 지혜가 되고, 하나님의 의로움이 나의 의로움이 된다. 그래서 하나님의 지혜의 능력과 축복을 무한 공급받을 수 있다.

오늘 나는 과연 어떠한 존재인가를 생각해 보자. 그저 물질로 지음받은 육적인 인간에 불과한지, 아니면 하나님의 형상대로 지음받은 영적인 사람으로서(창 1:27) 하나님의 놀라운 사랑과 은혜 가운데 살아가고 있는지를 다시 한번 생각해 보아야 하겠다.

인간이 하나님을 닮았다는 것은 영이신 하나님(요 4:24)을 닮았다는 것이다. 인간이 감히 하나님을 닮았다고 말할 수 있는 것은 영적인 존재이기 때문이다. 그러므로 인간은 영성을 가진 존재로서 하나님을 섬기며 살아야 하는 자기발견이 있을 때 참된 믿음으로 건강한 신앙을 가질 수 있다.

2. 하나님을 아는 영성회복

참된 신앙과 믿음의 사람이 되어서 건강한 삶을 살아가기 위해서는 그리스도 안에서 날마다 거듭나는 삶을 살아야 한다. 그리고 올바른 신앙생활로 하나님을 바로 아는 것이 중요하다. 모든 자연의 이치와 진리가 그렇듯이 바르게 알고 시작하여야 열매를 맺는다. 뿐만 아니라 진리 안에 자유함을 얻게 된다.

삼위일체이신 하나님을 믿는다고 할 때 하나님에 대해 우리가 무엇을 믿는다는 것인지 그 의미를 분명히 알아야 한다. 그때 건강한 신앙성장이 이루어질 것이다.

내가 처음 신앙을 가질 때는 막연히 막다른 인생의 길에서 자신의 한계상황을 벗어나기 위하여, 마음의 위로와 안정을 위하여 하나님을 찾게 되었다. 그렇지만 참으로 어떻게 믿어야 좋은지를 두고 많은 갈등과 번민 가운데 오늘날까지 이르렀다. 그런데 좀더 구체적이고 확실한 접근방법으로 바른 신앙관을 가지고 믿음생활을 했더라면 하는 아쉬움이 남아 있다.

시작이 절반이라는 말이 있듯이 무엇이든지 그 출발점이 중요하다.

역시 믿음의 출발점이 좋아야 하겠다. 답답하고 갈급했던 지난 날, 믿음의 선배가 있어서 좀더 확실하게 지도를 해주었으면 아마도 하나님을 바르게 알고 바르게 가는 만큼 믿음의 깊이도 더 깊어졌으리라 본다.

주님은 마태복음 6장 7-8절에서 "또 기도할 때에 이방인과 같이 중언부언하지 말라 저희는 말을 많이 하여야 들으실 줄 생각하느니라 그러므로 저희를 본받지 말라 구하기 전에 너희에게 있어야 할 것을 하나님 너희 아버지께서 아시느니라."고 말씀하셨다.

대부분 사람들은 '하나님께서 나를 알고 계실까?' 하는 의문가운데 그릇된 인식을 가지고 신앙생활을 하고 있다. 우리의 기도는 하나님께서 지금 나의 사정을 모르신다는 전제로 시작한다. 이처럼 내게 필요한 것이 있더라도 하나님께 구하지 않으면 주어지지 않는다는 생각으로 하기 때문에 일상적인 기도에서 벗어날 수가 없다.

주님은 이런 것을 아시고 "너희에게 있어야 할 것을 너희 아버지께서 아시느니라"고 말씀하신 것이다. 우리의 믿음은 여기서 출발하게 된다. 나를 나보다 더 잘 아시는 하나님! 그 하나님은 오늘 내가 필요로 한 것이 무엇인지를 아시고 채워주시는 하나님이시다.

우리가 삶을 영위하는 것은 그 분의 은혜 때문이다. 무엇 한 가지도 그분의 도움없이는 불가능하다. 죄중에 태어났으며, 죄가운데 살아가고 있는 우리는 그분의 은총없이는 죽을 수밖에 없는 죄인의 삶이다. 하지만 하나님은 이런 우리를 사랑하셔서 독생자 예수 그리스도를 이땅에 보내주셨다. 죽기까지 우리를 사랑하신 하나님의 사랑을 받아들여야 한다. 그분이 우리를 사랑하고 게시며, 내게 필요한 모든 것을 채워주시는 분임을 신뢰하고 받아들이는 것이 믿음의 동기이며 출발점이 될 것이다.

(1) 구하기 전에 아시는 하나님

본인은 하나님께 예배드릴 때 "아시지요 주님"이라는 곡을 즐겨 찬양한다. 이 찬양을 드리고 나면 성도들이 예배에 임하는 태도가 많이 달라지는 것을 알 수 있다.

하나님이 우리의 사정을 알고 계신다는 것과 모르고 계신다는 것에는 성도의 믿음에 확연한 차이가 있음을 알 수가 있다.

우리를 어느 누구보다도 잘 알고 계시는 하나님. 인간은 나를 모르고 있지만 나를 창조하신 하나님은 누구보다도 잘 알고 계신다는 이 믿음만큼 진한 감동이 어디 있겠는가?

하나님은 나를 나보다도 더 잘 알고 계시므로 위로와 격려가 되며 의지가 된다. 그 뿐 아니라 나의 필요를 아시고 책임져주시는 분이므로 하나님을 믿고 따를 때 우리는 평안을 얻을 수가 있는 것이다.

"그러므로 내일 일을 위하여 염려하지 말라 내일 일은 내일 염려할 것이요 한날 괴로움은 그 날에 족하니라"(마 6:34).

하루살이처럼 하루하루 살아가는 우리들의 삶이다. 우리는 내일 일을 알 수가 없으며 내일을 기약할 수 없는 불확실한 삶을 살아가고 있다. 그런 우리에게 하나님은 내일을 허락하신다. 이보다 더 확신적인 말씀이 어디 있겠는가? 우리의 미래까지도 아시고 책임져주시는 하나님의 놀라운 사랑, 이것을 경험한 사람은 그 하나님께 모든 것을 맡기고 믿지 않을 수가 없을 것이다.

(2) 결점을 선용하시는 하나님

구하기 전에 아시는 하나님을 두고 인간들은 자신의 죄가 너무 많아 하나님이 축복하시지 않을 것이라는 잘못된 믿음을 가지기도 한다. 그러나 이것은 잘못된 신앙관이다. 건강한 사람은 병원에 갈 필요가 없다. 신체적인 장애가 있는 사람이 병원을 찾는 것처럼, 우리들 역시 허물과 약점과 모순이 많기 때문에 하나님을 찾을 수밖에 없다(눅 5:31-32).

하나님은 도덕적으로 완벽한 사람을 찾는 것이 아니다. 도리어 자신의 죄가 많음을 알고 철저한 자기 부족성과 구원의 필요성을 느끼는 사람을 찾고 계신다.

기독교 복음은 불완전한 인간을 하나님께서 용서하시는 은혜의 기쁜 소식이다. 비록 모순 투성이의 삶 가운데 있다고 할지라도 좌절할 필요가 없다. 하나님은 범죄한 인간을 성결케 하시고, 약점 많은 인간을 완전케 하시기 때문이다.

건강한 신앙이란 결국 완전주의를 말하는 것이 아니다. 불완전하지만 하나님의 은혜로 회복된 신앙을 가리키는 것이다.

하나님은 이 세상에 "의인은 하나도 없다"(롬 3:10)라고 말씀하셨다. 의인이라고 할 수 있었던 노아도 술에 취하여 자식들에게 그 결점을 보였던 인간에 불과하지 않았던가? 요셉 역시 교만한 성격으로 형제들에 의하여 애굽의 종으로 팔려가는 수모를 겪었지만 하나님의 도움으로 그를 통하여 이스라엘 백성들을 건지셨다. 모세 역시 혈기와 분노로 애굽인을 죽인 살인자로 미디안 광야로 도피했던 사람이지만 하나님은 그를 들어 쓰셔서 이스라엘 민족을 구해내는 해방자로 삼으셨다. 베드로도 수많은 실수와 시행착오를 저지른 사람이었지만 주님은 그를 교회의 반석으로 삼으셨다. 그리고 사도 바울도 자신이 순교하기 직전에 "나는 박해자요, 죄인중에 괴수로다"(딤전 1:15)라고 고백했다.

하나님은 부족한 죄인들을 통하여 역사하셨다. 지극히 부족하고, 모순투성이인 우리를 선택하셔서 위대한 계획을 이루시는 하나님이심을 아는 바른 믿음의 지혜가 필요하다.

하나님은 자기의 불완전성을 받아들이는 자를 선용하시며, 자기의 불완전성을 위하여 맡기는 자를 받아주시고, 자기의 불완전성을 위하여 기도하는 자를 사랑하신다는 사실을 알아야 한다. 다시 말해 모든 것의 불완전성을 하나님께 의탁하며 위임하는 신앙심을 가져야 하겠다.

최근 교회성장을 연구하는 팀들이 조사한 결과 부흥 성장하는 미국 교회 중 그 교회의 목회자가 학위를 소지하고 있는 교회는 별로 없고 그저 평범하게 신학교를 졸업한 목회자가 시무하는 교회가 대부분이라는 사실이 밝혀졌다. 조사결과 그들은 자신의 부족함을 느끼면서 전적으로 하나님께 맡기고 기도로 의지하기 때문이다.

무능력자를 능력자로, 실패자를 성공자로 바꾸시는 하나님은 오늘도 우리의 기도를 통하여 불완전한 삶을 변화시켜 위대한 신앙의 도구로 만들어가신다. 연약하고 불완전한 우리들이 드리는 눈물을 받으시고 우리의 애절한 기도를 통하여 세상의 약한 것들을 택하사 강한 것들을 부끄럽게 하시는 하나님의 뜻을 아는 것이 중요하다.

이제 나의 불완전한 모든 삶의 결점과 부족함을 하나님 앞에 내려놓고 기도로 응답받는 능력있는 건강한 신앙의 은혜 안에 거하여야겠다.

(3) 더 좋은 것으로 채워주시는 하나님

하나님은 우리를 자녀 삼으시고 부모가 자식을 위하여 베푸시는 사랑 이상으로 우리를 사랑하시므로 그 자녀가 필요로 하는 것을 먼저 아시고 더 좋은 것으로 채워주신다.

마태복음 7장 9-11절 말씀에 "너희 중에 누가 아들이 떡을 달라 하면 돌을 주며 생선을 달라 하면 뱀을 줄 사람이 있겠느냐 너희가 악한 자라도 좋은 것으로 자식에게 줄 줄 알거든 하물며 하늘에 계신 너희 아버지께서 구하는 자에게 좋은 것으로 주시지 않겠느냐."라고 했다. 아무리 악한 강도라도 자기 자식에게는 베풀려고 하는 것이 세상 부모의 심정이다.

주님은 이런 것을 비교하여 하물며 하나님 아버지께서는 너희에게 더 좋은 것으로 채워주시지 않겠느냐고 하신다.

내가 계획하던 것이 무너지고, 생각했던 기대감이 허물어져 절망과 실망이 일어날 때 더 좋은 것으로 채워주시기 위한 하나님의 계획이 이루어 지신다. 나의 계획보다 더 좋은 계획을 가지고 오늘도 역사하시는 하나님의 놀라운 은혜를 알게 되면 그때부터 내 수단과 방법으로 살던 것을 포기하게 된다. 그분에게 맡기고 의지하여 믿음으로 순종해 나갈 때 우리의 필요를 아시고 더 좋은 것으로 채워주시는 하나님의 약속을 체험하게 될 것이다.

전편에서 야곱의 인생체험을 통한 부활 4단계 영성훈련을 소개한 바 있다. 야곱은 장자권을 위하여 아버지와 형을 속이는 불의한 자였다. 그는 20년 동안 삼촌 라반의 집에서 갖은 고생 끝에 모은 불의한 재산을 가지고 돌아오면서 형 에서의 반응에 대하여 고민을 하게 된다.

형 에서에 대한 불안감은 두려움과 공포 그 자체였기에 야곱은 자신의 방법으로 짐승을 나누어서 종들에게 먼저 앞장을 세운다. 그리고 만일 형을 만나게 되면 이것은 형 에서에게 보내는 예물이고 야곱

도 우리 뒤에 따라온다고 전하라 하며 에서의 반응을 살피고자 하였
다(창 32:20).

그는 형이 선물을 받고서도 마음을 풀지 않으면 혼자서라도 도망을
칠 계획이었다. 이런 야곱의 자아 중심적인 생각을 아신 하나님은 계
획하신 대로 얍복강 나룻터에 천사를 파견하여 야곱의 환도뼈를 쳐서
야곱의 인간적인 자아를 꺾으시고 항복을 받아내게 된다.

만약 야곱이 라반의 집에서 모은 재산으로 거들먹거리고 기름이 흐
르는 모습으로 형 에서에게 나타났더라면 결과는 달라졌을 것이다.
그런 모습을 상상하며 400명의 군사를 데리고 달려갔던 에서 앞에
나타난 야곱의 모습은 전혀 생각 밖이었다.

야곱은 불안한 마음 때문에 밤새워 하나님께 무릎 꿇고 기도하며
천사와 겨루느라 옷은 구겨져 있고 땀에 젖어 있었다. 야곱은 초췌하
기 그지 없었다. 그뿐 아니라 다리까지 절뚝거리며 절고 있지 않은
가?

이런 동생의 모습을 본 에서의 마음은 녹지 않을 수 없었다. 이것
이 하나님의 방법이었다. 다리가 부러져서 절게 된 일은 고통이나 벌
이 아니라 야곱을 살려주시기 위한 하나님의 은혜가 아니고 무엇이겠
는가?

한 사업가가 부도가 나서 망해 버렸다. 그러나 그는 곧 신앙으로
다시 재기를 하게 되었는데, 부도는 자신을 믿음으로 인도하는 하나
님의 방법이었고, 실패는 하나님의 은혜였다고 간증했다.

여기서 우리가 알아야 할 것은 하나님께 온전히 항복하는 자는 삶
의 부활에 이를 뿐 아니라, 우리의 방법보다 더 나은 하나님의 은혜
로 채워주시는 축복이 예비되어 있다는 사실이다.

귀향하려는 야곱처럼 희망의 단계에 있다가 실제적 상황 앞에 혹시

절망 가운데 있지는 않은가? 이럴 때 하나님은 일의 성공 전에 우리의 자아 찌꺼기를 제하시고 합당한 인격체로 신앙의 성장과 성숙을 원하고 계신다.

더 좋은 것으로 채워주시는 하나님의 계획 속에 들어가기 위해서는 그동안 나의 방법과 수단에 의한 모든 것을 버려야 한다. 그리고 하나님께 순종하는 믿음으로 하나님께 항복할 때 부활의 단계에서 모든 범사에 축복받는 형통의 은총이 주어질 것이다.

(4) 지금도 역사하시는 하나님

주님은 요한복음 5장 17절을 통하여 "내 아버지께서 이제까지 일하시니 나도 일한다 하시매"라고 하셨다.

하나님은 어떤 분이신가? 그 분은 지금도 역사하고 계시며 일하고 계신다. 하나님은 인간을 창조하실 때 모든 것을 예비하시고 인간이 필요로 하는 모든 것을 공급하시기 위하여 지금도 우리를 위하여 역사하고 계신다.

영성세미나를 위하여 몇 년간 거주하던 미국을 떠나 사랑하는 가족과 잠시 이별까지 하고 온 나를 가리켜 "가족도 떼어놓고 뭐하러 이곳에 왔느냐?" 하던 성도가 있었다. 세미나에 참석하여 주님을 만나고 문제를 해결받는 역사가 일어나자 "하나님은 나를 사랑하셔서 목사님을 이곳에 보내 주셨다"며 기뻐하는 모습에서 지금도 역사하시는 하나님을 볼 수가 있었다.

불교대학을 다니던 한 자매님은 불치병으로 인하여 질병을 치유하고자 어쩔 수 없이 세미나에 참석하게 되었는데 치료하시는 하나님의 역사를 체험하였다. 그 뒤 그분은 "예수쟁이와 목사라면 두드러기가

날 정도였었는데 지금은 살아계시는 하나님과 우리 목사님이 이 세상
에서 최고로 보인다"는 간증을 했다. 그 신앙고백을 듣고 지금도 치료
하시는 하나님, 역사하시는 하나님을 알 수가 있다.

I.M.F로 인해 실직해서 번민하며 절망하다가 불안한 마음의 위로
나 받아보겠다는 심정으로 교회를 방문한 분이 있었다. 그 분이 하나
님의 사랑과 은혜로 새로운 삶의 활력소를 되찾고 하나님의 인도하심
에 따라 자영업으로 다시 삶의 부활을 이루었다. 그 또한 역사하시는
하나님의 놀라운 은혜를 간증하였다.

지금도 역사하시는 하나님은 우리들을 성전 삼으시고 성령으로 내
재하시며 우리를 인도하시고, 주관하시며, 경영하기를 원하신다. 지금
도 불꽃같은 눈으로 감찰하시며 사랑하는 자녀의 필요성을 감지하신
다. 그래서 사랑과 은혜로 붙들어 주시며 좋은 것으로 채워주시기를
원하신다. 그러므로 우리는 그분께 모든 것을 맡겨야 한다. 그분의
뜻에 따라 순종하는 믿음이 최선의 삶이며 건강한 삶이 될 것이다.

"여호와여 주께서 나를 감찰하시고 아셨나이다. 주께서 나의 앉고
일어섬을 아시며 멀리서도 나의 생각을 통촉하시오며, 나의 길과 눕
는 것을 감찰하시며 나의 모든 행위를 익히 아시오니, 여호와여 내
혀의 알지 못하시는 것이 하나도 없으시니이다(시 139:1-4).

내가 주의 신을 떠나 어디로 가며 주의 앞에서 어디로 피하리이까?
내가 하늘에 올라갈지라도 거기 계시며 음부에 내 자리를 펼지라도
거기 계시나이다. 내가 새벽의 날개를 치며 바다 끝에 가서 거할지라
도, 곧 거기서도 주의 손이 나를 인도하시며 주의 오른손이 나를 붙
드리로다(시 139:7-10). 하나님이여 나를 살피사 내 마음을 아시며
나를 시험하사 내 뜻을 아옵소서. 내게 무슨 악한 행위가 있나 보시
고 나를 영원한 길로 인도하소서"(시 139:23-24).

우리를 영원한 길로 인도하시는 하나님은 지금 이 시간에도 역사하고 계신다. 한없는 사랑으로 지금도 나를 위하여 일하고 계신다는 믿음의 근거가 받침이 되면 능력있는 그리스도인으로서 역사하시는 하나님과 동행하는 신앙적 삶이 될 것이다.

(5) 의로우신 하나님

누군가가 "신앙생활이란 무엇인가?"라고 질문하면 거기에 대한 답은 "의로우신 하나님과 함께 하는 삶"이라고 할 수 있다.

"사람아 주께서 선한 것이 무엇임을 네게 보이셨나니 여호와께서 네게 구하시는 것이 오직 공의를 행하며 인자를 사랑하며 겸손히 네 하나님과 함께 행하는 것이 아니냐"(미 6:8).

현실은 불의가 정의를 짓밟고 의로운 자가 불의하게 비춰지는 세상이다. 그러나 머지 않아 하나님은 이런 불의한 세상을 심판하게 될 것이다. 하나님은 의로우시며, 공의로우시며, 정의로운 분이다. 그러므로 우리는 하나님 앞에 조금도 불의를 행할 수가 없다.

잠을 자고 일어나면 자는 동안 자신의 모습이 흐트러지고 혹시 더러워져 있지 않나 해서 눈을 뜨자마자 거울로 자신의 모습을 보는 것이 보통 사람의 일과의 시작일 것이다. 우리 역시 죄로 인하여 때가 묻지 않았나 영적 모습을 하나님 앞에 비추어 보아야겠다.

우리는 모두 죄 가운데 태어났고 죄중에 있다. 의로운 자는 이세상에 하나도 없다는 성경의 가르침에 귀를 기울여야 한다(롬 3:10).

"만일 우리가 죄 없다 하면 스스로 속이고 또 진리가 우리 속에 있지 아니할 것이요"(요일 1:8).

신앙적인 성숙함이 있다 하더라도 자신의 불의함을 보지 못하고,

죄를 알지 못하면 하나님의 은총 안에 거할 수가 없다. 우리의 죄와 불의함을 알고 하나님께 회개하는 자는 하나님의 자비와 사랑으로 용서 받고 축복의 삶을 살아갈 수가 있다.

"만일 우리가 우리 죄를 자백하면 저는 미쁘시고 의로우사 우리 죄를 사하시며 모든 불의에서 우리를 깨끗게 하실 것이요"(요일 1:9).

그러나 죄됨과 불의를 회개하지 못하고 모르는 자는 하나님의 심판 앞에 진노하시는 모습을 보게 될 것이다.

우리의 신앙성숙은 회개하는 자에게 사랑의 모습으로 대하시는 하나님과 회개치 않는 자에게는 심판자로서 진노하시는 하나님의 모습을 깨달을 때 이루어지는 것이다.

의로우신 하나님은 불의한 자를 반드시 심판하신다는 믿음으로 살 때 우리의 신앙적인 삶에는 큰 변화가 온다. 내가 평생 지은 죄를 낱낱이 밝히게 될 의로우신 하나님을 통해서 자성하는 삶을 살아가면 성장과 아울러 성숙함에 이를 것이다.

병원에서 암 진단을 받고서 시한부 인생을 사는 한 자매님이 영성회복 세미나에 참석하여 마음의 안정을 찾고 자신의 죽음을 담담하게 받아들이면서 그동안의 삶을 정리하기 시작하였다.

만나야 할 사람은 만나고 해결해야 할 문제들을 하나씩 정리하면서 특히 하나님 앞에 잘못 살았던 삶의 모든 부분을 자성하며 하나님께 회개와 아울러 용서를 구하였다. 그런데 병원에서 무언가 잘못된 것이 있으니 급히 오라는 전갈을 받고 가보았더니 오진이라는 결과가 나왔다.

가족이나 주위에서 모두 죽을 것이라는 예상 때문에 본인 스스로가 죽음에 직면한 진지한 삶을 살았기 때문에 이 세상에 태어나서 그렇게 보람있고 진실된 삶을 살아보기는 처음이라고 했다. 그러면서 그

때처럼 항상 진지한 신앙관으로 살고 싶다는 말로 신앙고백을 하였
다.

오늘 우리들은 불의한 삶을 통하여 불안하고, 두려우며, 절망적인
삶을 살아가고 있다. 의로우신 하나님을 믿고 아는 사람은 그분은 의
로우시기 때문에 불의를 용납하지 않는다는 사실을 믿는다. 그리고
심판하심을 믿을 때 우리의 불의한 언어와 불의한 행동이 바른 신앙
관으로 자리를 잡게 되는 것이다.

(6) 거룩하신 하나님

"서로 창화하여 가로되 거룩하다 거룩하다 거룩하다 만군의 여호와
여 그 영광이 온 땅에 충만하도다"(사 6:3).
거룩하신 하나님의 속성을 잘 나타내고 있는 성경의 구절이다.
하나님은 불의가 조금도 없으시므로 의로우시며, 거룩하신 분이라
할 수 있다. 하나님과 같이 거룩하신 분이 없음을 성경은 밝히 기록
하고 있다. "여호와여 신 중에 주와 같은 자 누구이니까 주와 같이 거
룩함에 영광스러우며 찬송할 만한 위엄이 있으며 기이한 일을 행하는
자 누구니이까"(출 15:11).
하나님이 거룩하시므로 하나님은 우리에게도 거룩하라고 요구하시
는 것을 우리는 수용하여야 올바른 영성회복에 이를 것이다.
"나는 너희의 하나님이 되려고 너희를 애굽 땅에서 인도하여 낸 여
호와라 내가 거룩하니 너희도 거룩할지라"(레 11:45).
이 거룩의 명령에 순종할 때 올바른 믿음과 영성적인 건강한 신앙
생활을 영위할 수 있을 것이다.
하나님의 인도 수단으로 우리에게 명령하시는 거룩은 성령을 통해

서 오늘 이 시간에도 이루어지고 있음을 알 수가 있다(요 16:13).

거룩한 하나님을 섬기기 위해서는 거룩한 우리들이 되어야 한다. 모든 더러운 요소와 부정적인 것을 철저히 제거하는 일에 최선을 다하지 못할 때 모든 믿음은 어떤 형식에 지나지 않을 것이다.

교회 공동체도 세속적인 것과는 철저히 분리한 구별된 생활이 이루어지지 않으면 거룩하신 하나님의 영이신 성령의 사역이 중단되고 말 것이다. 그러므로 거룩하신 하나님을 능히 섬기려면 그리스도의 보혈로 깨끗함을 받아야 하며(히 9:14), 손과 마음을 깨끗이 하고 하나님을 가까이 해야 한다(약 4:8).

육신처럼 안일에 빠지고 땅의 일만 생각하는 사람은 거룩하신 하나님 앞에 설 수 없으며 그 분의 세미한 음성을 들을 수가 없을 것이다. 오직 그 나라와 그 의를 구하는 사람에게 하나님을 경외하는 마음이 떠나지 않는다.

거룩을 명령하신 하나님은 그의 속성중 하나를 내세워 섬기는 마음의 자세를 촉구하고 계시다. 누가 주의 마음을 알아서 그 분만을 위하여 살겠는가? 오직 확고한 믿음과 성결함과 거룩한 자만이 거룩하신 하나님을 섬기며 그 거룩을 지키기 위한 결단으로 올바른 신앙생활을 하게 될 것이다.

(7) 지혜의 하나님

지혜는 지식에 있지 않다. 지혜는 공부를 많이 한 사람의 머리에서 나오는 것도 아니요, 수양을 많이 한 사람에게서 나오는 것도 아니다.

오직 하나님이 지혜의 근원이 되신다(잠 9:10). 하나님의 지혜는 참으로 측량 불가능한 지혜라 할 수가 있다.

"깊도다 하나님의 지혜와 지식의 부요함이여 그의 판단은 측량치 못할 것이며 그의 길은 찾지 못할 것이로다"(롬 11:33).

이런 하나님의 지혜를 근원삼아 살아가는 신앙의 삶이라면, 어떤 문제도 지혜롭게 풀어나갈 수 있는 해결의 역사가 이루어질 것이다.

하나님은 지혜로 세상을 지으셨다(잠 3:19 참조). 완전한 지혜를 얻기 위해서 우리는 어떻게 해야 할까? 주의 이름을 경외하는 자에게(미 6:9 참조) 그 지혜가 임하게 된다고 하셨다.

하나님의 지혜와 지식은 만사를 한눈에 선명하게 들여다보고 계시므로 만사가 그분의 지혜 앞에서 발가벗은 채로 드러나 보이는 것이다. 이런 하나님의 지혜를 의지하는 자는 하나님의 지혜로 만사를 통달할 수 있는 명철함의 복이 주어진다.

그래서 성경에서는 "지혜를 얻은 자와 명철을 얻은 자는 복이 있나니, 이는 지혜를 얻은 것이 은을 얻는 것보다 낫고 그 이익이 정금보다 나음이니라"(잠 3:13, 14)고 지혜를 얻은 자의 축복을 말하고 있는 것이다. 정금보다 더 귀한 지혜는 곧 지혜의 가치를 말하고 있다.

하나님께서 인간에게 주시는 지혜의 가치는 이 세상 어떤 것보다 소중하다. 그것은 어떠한 보석과도 바꿀 수 없는 무형의 귀중한 보화가 아니고 무엇이겠는가? 금은 보화는 이세상의 육신의 삶에 있어서만 유익함을 주지만 지혜는 영육간에 유익을 주기 때문이다.

이런 지혜가 세상 모든 것과 비교할 수 없을 만큼 귀함은 예수께서 먼저 그 나라와 그 의를 구하라고 교훈하신 말씀과 의미를 같이 한다. 하나님을 사랑하고 섬김을 우선하여 살아가는 삶은 최고의 가치를 추구하는 삶이요, 하나님께 축복받은 삶이 된다.

지혜를 추구하는 것은 우리의 기도에서 뿐만 아니라 삶의 열매로 나타나야 한다. 하나님께로 난 지혜는 성결하고, 화평하고, 관용하고,

양순하며, 긍휼과 선한 열매로 가득하고 편벽하고 거짓이 없는 영적 열매를 맺게 된다(약 3:17 참조).

지혜를 구하는 우리들은 이러한 지혜의 열매를 건강한 신앙의 삶 속에 반드시 맺어야 하고 그 증거함을 나타내야 할 것이다. 이런 지혜의 신이 되시는 여호와를 아는 것이 영성회복의 첫걸음이 되는 것이다.

우리가 하나님을 잘 알고 있다면 그만큼 하나님을 섬기는 일을 효과적으로 감당할 수가 있을 것이다. 우리가 하나님에 대하여 모든 것을 알 수 있는 것은 아니지만 하나님이 허락하신 은혜로 일부나마 알 수 있는 것은 참으로 감사한 일이다.

하나님의 많은 성품과 모습 중의 하나가 그의 지혜이다. 그러므로 지혜의 근원이 되시는 하나님의 지혜를 마음으로 얻어 삶에 적용시켜 슬기롭고 현명한 신앙생활로 축복받은 삶이 되어야겠다.

(8) 생명의 근원이신 하나님

하나님은 생명의 근원이시기 때문에 그리스도의 대속의 은총을 통하여 우리가 풍성히 얻을 수 있는 생명을 준비하신 것이다.

인간의 가장 근본적인 필요는 아마도 생명일 것이다. 그러므로 생명의 근원이신 하나님과의 올바른 관계없이는 기본적인 필요마저도 잃어버리고 어디로 가는지를 모르는 신앙적 갈등과 방황에서 혼돈을 거듭하게 될 것이다.

우리는 가끔 삶의 근본적인 필요성을 생명에 두지 않고 엉뚱하게도 다른 곳에 초점을 맞출 때가 많다. 사실 물질이나 세상적 요구도 무시할 수는 없지만 그보다 더 근본적인 것은 생명의 중요성이다.

시편 기자는 이 사실을 깨닫고 이렇게 고백하였다.

"하나님이여 사슴이 시냇물을 찾기에 갈급함같이 내 영혼이 주를 찾기에 갈급하나이다"(시 42:1).

인생의 근원적인 필요는 생명의 근원이신 하나님이시다. 하나님 없이 제 아무리 많이 소유한들 그것으로 만족할 수는 없는 것이다. 그것은 결국 생명보다 귀하지 않다.

누가복음에 보면 한 부자의 생명에 대한 비유가 잘 나타나고 있다. 어떤 부자가 자신의 넉넉한 재물을 바라보고 만족을 할 때 "하나님은 이르시되 어리석은 자여 오늘 밤에 네 영혼을 도로 찾으리니 그러면 네 예비한 것이 뉘 것이 되겠느냐 하셨으니"(눅 12:20)라고 하셨다. 이 말씀은 곧 주께서 "저희에게 이르시되 삼가 모든 탐심을 물리치라 사람의 생명이 그 소유의 넉넉한 데 있지 아니하니라"(눅 12:15)는 가르치심이다.

이런 주님의 가르침에 의하면 우리의 진정한 필요는 실존의 가치이지 곧 그 소유함에 있지 않다.

생명의 근원이신 하나님과의 관계를 통하여 인생의 근본적인 필요가 해결되었을 때 우리는 삶의 참된 평안과 행복함이 있는 것이다.

그러므로 영생에 대한 확신적인 믿음이 있어야겠다. 예수님은 이런 우리를 향하여 "내 아버지의 뜻은 아들을 보고 믿는 자마다 영생을 얻는 이것이니 마지막 날에 내가 이를 다시 살리리라 하시니라"(요 6:40)고 말씀하셨다.

우리는 인생을 살면서 여러 가지 삶의 문제에 부딪히게 된다. 내가 무언가 성취하였다고 하여도 그 기쁨은 순간이다. 그 다음 우리는 다시 불안과 두려움 앞에 서야 한다. 그래서 끊임없이 '그 다음은 무엇일까?' 하는 궁금증 때문에 불신자들은 점쟁이를 찾고 무당을 찾게 되는 것이다.

과연 그 다음은 무엇일까? 결국 사람이 마지막에 직면하는 것은 죽음으로 인하여 찾게 될 차디찬 무덤속일 것이다. 우리는 이 죽음을 생각하면 쓸쓸하기 이를데 없다. 이런 사실 앞에 우리의 성취나 성공의 참된 의미는 무엇인가?

내가 인생을 향락하며 사는 동안 즐겁게 산다고 하지만 그 쾌락의 정체는 무엇이며, 의미는 무엇인가? 오늘 우리는 생명의 근원이신 하나님 앞에서 참된 삶의 의미를 깨달아야 한다. 그렇지 않으면 차디찬 한 줌의 재로 사라질 나의 삶의 정체를 알 수가 없을 것이다.

본인은 생명의 근원이신 하나님을 바라보고 있으면 말할 수 없는 은혜 가운데 감사의 눈물이 맺힌다. 왜냐하면 우리는 인생의 가장 값진 생명의 구원을 받은 자이기 때문이다. 그 사실을 생각하면 감사하지 않을 수가 없다. 즐겨 부르는 찬송가 544장의 가사로 하나님께 영광 올린다.

1. 잠시 세상에 내가 살면서 항상 찬송 부르다가
   날이 저물어 오라 하시면 영광 중에 나아가리
   열린 천국문 내가 들어가 세상 짐을 내려놓고
   빛난 면류관 받아 쓰고서 주와 함께 다스리리

4. 한숨 가시고 죽음 없는 날 사모하며 기다리니
   내가 그리던 주를 뵈올 때 나의 기쁨 넘치리라
   열린 천국문 내가 들어가 세상 짐을 내려놓고
   빛난 면류관 받아쓰고서 주와 함께 다스리리

모든 삶의 여정은 하나님 앞으로 가는 것이다. 죽은 목숨을 덤으로 새 생명을 허락하신 하나님의 은혜를 생각해 보면 그보다 더 큰 은총이 어디 있겠는가?

나의 모든 삶이 덤으로 다시 사는 것이라는 신앙이 생길 때 미워할 것도, 용서 못할 것도 없는 참으로 가치와 보람있는 삶이 될 것이다.

(9) 진리이신 하나님

하나님은 진리의 하나님이시다. 천국도 진리의 나라라고 성경은 소개하고 있다. 요한계시록 21장 마지막 구절에는 "무엇이든지 속된 것이나 가증한 일 또는 거짓말하는 자는 결코 그리로 들어오지 못하되 오직 어린 양의 생명책에 기록된 자들 뿐이라"(계 21:27)고 되어있다.

일체의 죄악이나 오류가 천국에 존재할 수 없다. 그 곳은 거룩한 나라요, 진리의 나라다. 주님은 이 진리의 나라에 들어갈 수 있도록 죄의 문제에서 해방시켜 주셨고 또한 성결하고 거룩하게 새 신분으로 변화시켜 주신 것이다.

"진리를 알지니 진리가 너희를 자유케 하리라"(요 8:32).

"그러므로 아들이 너희를 자유케 하면 너희가 참으로 자유하리라"(요 8:36).

또 주님은 다시 우리에게 "저희를 진리로 거룩하게 하옵소서 아버지의 말씀은 진리니이다"(요 17:17)라고 하셨다.

진리의 원천은 하나님이시므로 하나님을 믿는 그리스도인은 자발적으로 진리를 수호하기 위한 가시밭길을 걷지 않으면 안된다. 하나님의 진리 앞에 나의 마음을 가다듬고 무릎을 꿇고 깨어있지 않으면 진리는 날개를 달고 사라지는 고독한 길이다.

왜 진리는 고독한가? 진리 안에 거하기 위해서는 하나님 말씀 중심에 서 있어야 하기 때문이다. 깨어서 하나님 앞에 바르게 서 있어야 하므로, 자신에게 관대한 인본적 중심으로는 진리의 하나님을 대할 수가 없기 때문이다.

고독이 고립을 의미하는 것은 아니다. 고립은 내가 다른 사람과 함께 하고 싶지만 나의 허물로 인하여서 사람들에게 소외당하는 외로움이지만, 고독은 나를 필요로 하는 사람들이 있지만 하나님과 함께 하기 위하여 자신 스스로 격리시키는 것을 의미한다.

때로는 하나님과 함께 하기 위하여 사랑하는 부모형제와 함께 할 수 없는 상황에 이르고 사랑하는 가족과 정든 친구와도 함께 할 수 없는 외롭고 고독한 시간을 보내야 할 때가 있다.

인간은 다 고독한 존재이다. 우리는 누구나 홀로 태어나서 갈 때도 누구와 같이 갈 수가 없다. 이런 고독의 속을 채우는 방법은 무엇일까? 죽어서도 섬겨야 할 하나님으로 채우고 의지할 때 우리의 고독함은 진리로 채워진다.

하나님과 나와의 관계가 수직관계라면 인간과의 관계는 수평적 관계이다. 이런 십자가의 관계를 잘 유지할 때 하나님과 바른 관계, 인간과의 원활한 대인관계가 형성되는 것이다.

주님도 인성의 삶을 사셨기에 때로는 분노하기도 하셨고 울기도 하셨다. 인간적인 고독 때문에 슬퍼하기도 하셨다.

인자를 혼자 둘 때가 왔다면서 겟세마네 동산에서 제자들에게 기도해달라고 부탁하셨지만, 그들은 잠들어 버렸다. 그래서 주님 홀로 아버지 앞에 깨어 기도하시며 고독함을 맛보지 않을 수 없었다.

진리에 접근하려고 할 때 때로는 가정이 있음에도 위안이 되지 않고, 남편과 아내가 있음에도 함께 하지 못하는 외로움과 허무함을 느낄 때가 많다.

그러나 그리스도로 말미암아 죄사함을 받고 진리를 추구하는 우리에게는 하나님의 나라가 영원한 소망이 된다.

우리에게 하나님을 아는 지식의 회복이 있어야 한다. 이것이 믿음에 있어서는 출발점이며, 바른 신앙의 입문이라 할 수가 있다.

참된 믿음과 건강한 신앙의 본질을 추구하는 우리는 날마다 주님 앞에 변화되고 성장하는 신앙인이 되어야 한다. 그러기 위하여 좀더 구체적인 방법으로 하나님을 아는 지식이 필요하다.

바로 하나님은 어떤 분이신가 하는 것이 무엇을 믿어야 하는지를 가르쳐 주고 있다. 삼위일체 되신 하나님을 믿는다고는 하지만 무엇을 믿는지를 확실히 모르는 분이 많다.

지면상 하나님에 대하여 좀더 구체적으로 접근하지는 못하였지만 그래도 하나님의 역사하심에 대하여 조금은 설명이 되었으리라 본다.

하나님의 역사하심을 바르게 알고 믿음을 가질 때 주어지는 믿음의 능력은 너무나 다르게 은혜로 임하는 것을 느낄 수 있다.

3. 참믿음을 위한 영성회복

올바른 믿음은 참된 영성회복에 있다. 이것은 하나님과의 불목의 담을 허물어 버리고 관계를 개선함으로 영적 교통을 이루고, 죽어있는 영성을 회복시켜 나가는 작업이다.

아담 안에서 우리는 본래 죄된 모습대로 존재해 있고, 그리스도 안에서 은혜로 말미암아 이루어진 구원받은 모습으로 존재하고 있다. 아담 안에 있는 우리는 인간의 혈통을 통해서 받은 생명을 소유하고 있으며, 그리스도 안에 있는 우리는 믿음을 통해 받은 그리스도의 생명이 있다.

그러므로 어떻게 믿느냐 하는 문제는 영생을 위한 중요한 생명화 작업이다. 이 작업이 영성화의 작업이고, 영성화는 곧 예수 그리스도화 하는 것이다. 곧 삶으로 그리스도를 증거함으로 영성적 건강한 신앙의 삶이 이루어진다.

필자에게는 어릴 때 소아마비가 걸려서 한때 많은 삶의 갈등과 번민 가운데 신앙의 적대감을 가지고 방황하며 고통스러운 삶을 살았던 동생이 하나 있다.

이 동생이 어느 날 교회에서 많은 은혜를 받고 깨어져서 그동안 갈
등과 번민 가운데 자신 스스로 자학하던 지난 날을 하나님께 회개하
고, 다시 건강한 신앙의 삶을 영위하며 하나님께 감사하는 마음을 가
지자 너무나 큰 기쁨의 삶이 주어졌다.

그래서 동생은 자학하고, 비관하며, 절망적이었던 과거의 모든 것
을 자성하고 그 동안 방황했던 삶의 모든 것들을 하나님께 회개하는
마음으로 자기처럼 목발을 짚고 살아가는 불우한 이웃을 오히려 보살
피는 사랑하는 믿음도 생기게 되었다. 그래서 봉사하는 마음으로 경
제적으로 어려워서 목발을 사지 못하는 장애자를 위하여 목발을 사서
보내는 구제하는 사랑과 헌신의 신앙생활을 시작하였다.

우리 부모형제뿐 아니라 주위 모든 사람들이 동생을 칭찬하고 그의
믿음과 신앙적 봉사를 격려하고 칭찬해 주었다.

얼마 동안은 동생도 고무적으로 기뻐하며 열심히 봉사활동에 신명
이 나서 하는 것 같았는데 칭찬받으며 느꼈던 흥분과 감격도 일시적
이었다. 시간이 지날수록 현실적으로 따르는 어려움 앞에 회의를 느
끼기 시작하였다.

본인 스스로가 지체 장애자이면서 자기와 같은 처지에 놓인 사람들
을 돕겠다는 생각은 참믿음에서 생긴 것이 아니고 일시적으로 받은
은혜로 인한 것이므로, 곧 시들해진 것이다.

매번 약속한 목발을 보내는 것부터 시작하여 같은 장애자들의 어려
운 삶들에 대한 관심과 이해와 사랑으로 그들을 대하자면 정말 참 믿
음의 용기와 인내심이 필요하다. 그러나 마음으로 느끼는 그때의 감
성적인 믿음으로 시작한 동생은 얼마 가지 못하여 지쳐버리고 이제는
불만섞인 불평과 아울러 억지로 봉사활동을 하니 결국 은혜가 되지
않는 어설픈 봉사가 되고 말았다.

그럼에도 불구하고 주위에서는 이런 동생의 마음을 헤아리지 못하고 계속적인 관심 속에 칭찬이 끊이지 않았다. 모든 사람들이 동생을 두고 '살아계신 예수님의 모습'이라며 칭찬들을 하니 그만두지도 못하고, 하자니 너무 힘들고 정말 갈수록 태산이라는 말이 이것을 두고 하는 말이었다.

이런 자신의 이중적 신앙의 모습에 괴로워하며 자책감에 시달리는 동생에게 필자는 그만두면 어떻겠느냐는 조심스러운 제의도 해보았다. 그러나 한번 시작한 일을 계속 하겠노라고 고집을 부리는 것이었다. 주위를 의식하고 체면 때문에 울며 겨자먹기식으로 봉사하는 동생이 오히려 안쓰럽게 느껴졌다.

그런데 어느 날 동생은 참된 믿음을 회복하기 시작하면서 이런 고통에서 벗어나기 시작하였다. 성령의 역사로 스스로 깨달았던 것이다. 너무나 자신의 가증스러운 거짓 믿음을 회개하면서 예배중에 하나님을 만났던 것이다.

예배중에 '내가 지금 교회에 앉아서 예배를 드리고는 있지만 형식적이고 의례적으로 참석하고 있구나. 그저 종교적인 환경에 동참하는 믿음으로 앉아 있구나' 하는 생각이 들면서 순간적으로 참 믿음으로 회복해야만 살겠다는 생각이 들었다는 것이다. 아울러 그동안 자신의 가증스럽고 가식적인 모든 허물을 사해달라는 참된 기도가 나오기 시작하면서 성령님의 위로하심과 격려가 쏟아지더라는 것이다.

지금도 우리를 용서하시고 자비와 긍휼로 사랑하시는 주님 앞에 모든 허물의 가면을 벗어던지고 참된 회개와 아울러 주님의 세미한 음성을 들으면 참믿음의 회복으로 그리스도 안에 거할 수 있는 영광이 주어진다.

이후로 동생은 이러한 부담감에서 벗어나서 정말로 참된 믿음의 자유함 속에 봉사다운 봉사를 기쁨으로 할 수 있었다고 했다. 이러한 신앙고백을 들을 때 참믿음의 회복 안에서 우리는 자유함과, 날마다 채워주시고 세워주시는 하나님의 능력있는 삶의 축복과 은혜를 체험하고 받을 수가 있다.

(1) 믿음은 양자택일의 결단이다.

처음 믿는 순간부터 갈등과 끊임없는 영적 번민으로 고민해야 할 신앙적인 삶은 날마다 자기를 버리고 자아중심적인 것을 죽이는 것이다. 그것은 양자택일 해야 하는 자기부인적 믿음의 삶이다.

주님은 제자들에게 말씀하시기를 "아무든지 나를 따라오려거든 자기를 부인하고 자기 십자가를 지고 나를 좇을 것이니라. 누구든지 제 목숨을 구원코자 하면 잃을 것이요 누구든지 나를 위하여 제 목숨을 잃으면 찾으리라. 사람이 만일 천하를 얻고도 제 목숨을 잃으면 무엇이 유익하리요 사람이 무엇을 주고 제 목숨을 바꾸겠느냐"(마 16:24-26)고 하셨다.

왜 자기를 부인하는 믿음의 삶을 살지 않으면 안되는가? 그것은 세상적인 육신의 삶이 아니라 영적인 것을 말씀하시는 것이기 때문이다. 하나님은 영이시다. 그러므로 영은 영으로만 대화가 가능하다. 내가 날마다 육을 부인해 나갈 때, 나의 영이 하나님 앞에 성장할 수 있으며, 영적인 교통이 이루어진다.

우리의 수단과 방법으로 살아갈 수 있다면 하나님을 찾을 필요가 없을 것이다. 그러나 우리는 인간의 한계상황 앞에 자신의 미약함과 부족함을 느끼지 않을 수가 없다.

우리의 지식과 우리의 방법에는 한계가 있기 마련이다. 이런 우리가 하나님의 도움없이는 어떤 것도 해결할 수가 없다. 그래서 하나님은 자기를 부인하고 오직 하나님의 계획과 뜻에 순종하며 살아가는 그리스도인을 사랑하실 수밖에 없다.

우리는 육과 영적인 삶을 양자택일 해야 하는 갈등과 번민을 하게 된다. 하나는 신령한 그리스도의 법이 나를 붙들고 하나는 세상의 법이 나를 붙든다. 이런 갈등 때문에 사도바울은 이렇게 고백한다.

"오호라 나는 곤고한 사람이로다 이 사망의 몸에서 누가 나를 건져내랴 우리 주 예수 그리스도로 말미암아 하나님께 감사하리로다 그런즉 내 자신의 마음으로는 하나님의 법을, 육신으로는 죄의 법을 섬기노라"(롬 7:24-25).

우리 안에는 두 가지 본성이 공존하고 있다. 하나는 신령한 그리스도의 본성과 또 하나는 범죄한 아담의 본성으로 이중성을 갖고 있다. 하나님의 신령한 법을 따라 말씀 중심으로 사는 사람은 영의 사람이요, 자기 중심적인 본성에 의지하여 살아가는 사람은 육의 사람이라 할 수 있다. 하나님은 인간을 바라볼 때 육과 영의 사람으로 구분하시고, 하나님의 뜻에 의지하여 살아가려는 영의 사람을 선택하시고 기뻐하신다.

이러므로 자기 자아중심적인 인본주의를 탈피하여 모든 삶의 중심을 신본적으로 변화시켜 나가는 믿음의 삶이야말로 하나님을 기쁘시게 하는 영광의 삶이 되는 것이다.

신앙의 변화와 성장, 성숙을 위해서는 날마다 자기를 부인하고, 죽이는 믿음의 삶을 살아가지 않으면 안된다. 한 가정이나 공동체나 사회나 국가에서도 내가 죽을 때 살아나는 것이다.

주님도 말씀하시길 "아버지께서 나를 사랑하시는 것은 내가 다시 목숨을 얻기 위하여 목숨을 버림이라"(요 10:17)고 하셨다.

이 말은 '아버지께서는 나를 사랑하신다. 왜냐하면 내가 다시 목숨을 얻기 위해서 목숨을 버릴 줄 알기 때문이다.'라는 뜻이다.

오늘 우리는 양자택일이라는 선택의 기로에 놓여 있다. 자기를 선택할 것인가, 아니면 하나님을 신뢰하는 믿음의 삶을 선택할 것인가? 이런 양자택일의 선택 앞에 우리는 신앙적 결단의 모험을 해야 한다.

자기 중심적 삶을 버리고 주님 중심적인 삶을 선택할 때 세상적으로는 너무나 큰 희생과 용기있는 헌신적인 삶이 요구된다.

주님은 사랑하는 수제자 베드로에게 "네가 나를 좇아오고 싶으냐? 그러면 자기를 부인하고 나를 따르라"고 하셨다.

오늘 우리가 주님을 따르려면 양자택일해야 한다. 세상적인 삶을 버리고, 생명의 근원이신 주님을 따를 것인지, 아니면 사망에 처한 세상을 따를 것인지 확실한 신앙의 결단이 필요하다.

사도 바울은 이렇게 고백한다. "형제들아 내가 그리스도 예수 우리 주 안에서 가진 바 너희에게 대한 나의 자랑을 단언하노니 나는 날마다 죽노라"(고전 15:31). 우리 역시 날마다 자기를 부인하고 죽이는 믿음의 삶을 선택할 때 하나님의 놀라운 은총 안에 거할 것이다.

(2) 믿음은 그리스도를 받아들이는 것이다

그리스도는 우리의 주가 되시기를 원하실 뿐 아니라 우리의 생명이 되시기를 원하신다.

믿음의 생명이요, 근원이신 그리스도를 닮아가고 그 분의 구원에 의지하여서 하나님을 믿는 것이 믿음이다. 그러므로 우리들의 삶 가운데 그리스도를 받아들이는 것이 곧 믿음의 출발점이라 할 수 있다.

죄인인 우리가 예수 그리스도를 통하여 나의 죄를 회개하고 신앙을 고백할 때에 아담 안에서의 옛 생활로부터 그리스도 안에 새로운 피조물로 변화를 맞이하는 믿음을 갖게 된다(고후 5:17).

예수 그리스도 이전의 삶은 세상적인 육의 삶이요, 예수 그리스도를 구원의 주로서 믿는 이후의 삶이 바로 믿음으로 살아가는 영적인 삶이 되는 것이다.

결국 그리스도 안에 있다는 것은 그리스도와 같이 되는 것을 의미한다. 믿음의 주이신 그 분과 함께 한 몸이 되어서 이 땅에서 하늘나라의 삶을 시작하는 것이다.

"내가 그리스도와 함께 십자가에 못박혔나니 그런즉 이제는 내가 산 것이 아니요 오직 내 안에 그리스도께서 사신 것이라 이제 내가 육체 가운데 사는 것은 나를 사랑하사 나를 위하여 자기 몸을 버리신 하나님의 아들을 믿는 믿음 안에서 사는 것이라"(갈 2:20).

참 믿음의 소유자는 "내 안에 그리스도가 사신 것이라"고 할 수 있어야 한다. 결국 믿음은 내 안에 그리스도를 받아들이는 그 순간부터 시작이며 어느 만큼 그리스도화 되었느냐로 믿음의 깊이를 알 수가 있는 것이다.

그리스도 이전의 세상적인 삶, 즉 자아 중심적인 자신을 이제 예수 그리스도와 함께 십자가에 못박아야 한다. 십자가에 못박았으면 나를 점령하고 지배하던 혼적인 것이 자신을 스스로 끌고 가거나 마음대로 지배하지 못하도록 해야 한다.

"그런즉 이제 내가 산 것이 아니요 오직 내 안에 그리스도께서 사신 것이라"는 이 말은 자기를 십자가에 죽이고 믿음으로 살아가는 삶이며, 그리스도께서 나를 통치하시고 주관하는 삶이란 뜻이다.

그리스도인이 된다는 것은 곧 믿음의 주이신 예수 그리스도를 내 안에 받아들이는 삶이다. 그리스도인이 된다는 것은 그리스도를 우리의 마음과 심령과 의지의 생명으로 받아들이고 믿음으로 살아가는 것을 뜻하는 것이다.

신앙생활을 하고 있다는 명분 아래 교회의 문턱이나 열심히 밟고 다니면서, 직분을 받고, 열심히 헌금생활을 잘 한다고 전부가 아니다. 단순한 믿음으로 의례적이고 형식적으로 종교적인 환경에 동참하는 것으로는 주님을 만나볼 수가 없다.

가슴으로 느껴지는 뜨거운 믿음으로 주님을 만나야 한다. 열두 해 혈루병을 앓던 여인이 갈망했던 그런 열정적인 믿음이 있어야 한다. 주님의 옷자락에 손만 대어도 그 믿음대로 치유받았던 것처럼 그런 열정적인 사모하는 마음 없이는 믿음의 실상을 체험하기 어렵다.

"믿음은 바라는 것들의 실상이요 보지 못하는 것들의 증거니"(히 11:1). 우리 안에 그리스도를 받아들이는 것이 믿음의 실상으로 나타나고, 그리스도가 살아 숨쉴 때, 보지 못하는 것들의 증거인 기사와 표적이 일어나는 것이다.

필자는 한때 영성화(그리스도화)되지 않은 상태에서 외형적인 은사만 사모한 결과 강한 능력을 받았던 적이 있었다. 마치 어린 아이에게 칼을 맡긴 것처럼 은사를 받고 보니 이 세상에서 내가 제일 능력 있는 종으로 착각을 하게 되었고, 자기자신이 하나님이 되어서 한때 망상 가운데 살았다.

그러나 결국 영성화되지 않은 것은 화려한 꽃은 있되 신앙의 열매가 없는 나무와 같은 것이다. 그리스도를 내 안에 받아들이지 않은 혼적 믿음인지라 얼마 가지 못하여 그 열정은 사라졌다. 그리고 감성에 의한 영적 회의에 빠져서 한동안 혼란의 늪에 빠져서 갈등하며, 번민한 적이 있었다.

결국 우리들 안에 그리스도의 진리가 부재한 믿음은 잎만 무성한 무화과가 되고 만다. 이런 믿음은 주님의 저주 아래 놓이게 되며 결국은 시들해져 올바른 신앙생활을 영위할 수가 없게 된다.

"하나님이 그들로 하여금 이 비밀의 영광이 이방인 가운데 어떻게 풍성한 것을 알게 하려 하심이라. 이 비밀은 너희 안에 계신 그리스도니 곧 영광의 소망이니라"(골 1:27).

"나의 자녀들아 너희 속에 그리스도의 형상이 이루기까지 다시 너희를 위하여 해산하는 수고를 하노니"(갈 4:19).

어떻게 믿어야 하나의 출발점은 예수 그리스도이다. 하나님은 모든 인간의 완전한 모본으로 이땅에 그리스도를 보내셨다. 그 분의 형상대로 그리스도화 되어가는 것이 믿음의 시작이 된다. 그러므로 믿음은 그리스도를 받아들이는 것부터가 올바른 믿음의 첫 발걸음이 된다.

(3) 믿음은 순종이다.

그리스도를 내 안에 받아들이기 위한 최선의 방법은 나의 자아중심적인 인본주의가 아니라 신본주의에 의한 순종이 최선이라고 할 수 있다.

구약성경에 엘리야라는 위대한 선지자가 있다. 그 당시 왕인 아합은 이방 여인 이세벨의 영향을 받아 바알 신과 아세라 신을 섬기고, 하나님의 선지자를 다 잡아 죽이며 온 이스라엘로 하여금 우상을 섬기도록 명령을 하였다. 그러나 하나님의 종 엘리야는 자기의 목숨을 걸고 하나님을 택하자 아합왕이 엘리야를 죽이려고 하였다.

그러나 엘리야는 생명의 위협에도 불구하고 하나님의 나라와 의를 먼저 구하는 데 생명을 바쳤다. 먼저 할 일을 먼저 하니까 나중 일은 하나님이 책임져 주시고 엘리야를 그릿 시냇가에 숨게 하시고 생명을 지켜 주셨다. 시냇가의 물을 마시게 하고 까마귀를 통해 떡과 고기로 주린 배를 채워 주셨다.

그런 다음 하나님은 엘리야에게 사르밧으로 가서 가뭄이 끝날 때까지 한 과부의 집에서 거하라고 말씀하셨다. 하나님께서는 죄의 대가로 이스라엘에 3년 6개월 동안 가뭄을 내리셨는데, 엘리야가 하나님의 말씀에 따라 사르밧에 가보니 가뭄이 얼마나 심한지 모든 사람들이 굶어 죽게 될 지경에 이르렀다.

이런 상황에 사르밧 과부 역시 사정은 동일하여 마지막으로 남은 가루 한 웅큼과 조금 남은 기름으로 떡을 만들어 자기 아들과 나누어 먹고 난 다음 죽을 각오를 하고 나무를 주우러 나왔다가 엘리야를 만나게 되었다.

엘리야가 과부에게 평안한지를 묻자 과부는 이제 남은 것을 마지막으로 먹고 아들과 죽으려 한다고 사정 얘기를 했다. 그때 엘리야는 "내가 명하노니 가서 물 한 사발을 떠오고 그것으로 먼저 떡 한 조각을 만들어 내게로 가져오라. 그리하면 너희 집에 가뭄이 끝날 때까지 통의 가루가 다하지 아니하고 병의 기름이 없어지지 아니하리라"고 말하였다.

그 극심한 가뭄에 물 한 방울이 피 한 방울보다 더 귀한데 어디에서 물 한 사발을 구해 오고, 마지막 남은 한 줌의 식량도 굶어죽기 직전에 놓여있는 아들을 먹여도 시원찮은데 낯 모르는 엘리야를 위해 어떻게 마지막 음식을 가져다 줄 수 있겠는가?

하나님은 때로 우리가 순종할 수 없는 상황에서 순종하기를 원하실 때가 있다. 그러나 이런 하나님의 주권과 하나님의 말씀을 믿고 순종하고 나면 그 다음 일은 하나님께서 책임져 주신다. 이것을 믿은 사르밧 과부는 엘리야의 말을 좇아 마지막 남은 가루와 기름으로 떡을 만들어 엘리야에게 가져왔다. 하나님은 엘리야를 통해 사르밧 과부가 하나님의 말씀에 순종하여 목숨이라도 내어놓는 믿음의 시험을 해보신 것이다.

이 시험을 통과하자 3년 6개월의 가뭄이 지날 때까지 통에서는 가루가 떨어지지 않고, 병에서는 기름이 마르지 않았다. 이처럼 하나님께 순종하는 믿음을 가진 자는 하나님의 놀라운 은총 안에 거하는 축복이 함께 한다.

믿음은 그 믿음의 대상에 순종하는 것이라 할 수가 있다(마 9:9, 막 1:17). 믿음에 대한 가장 확실한 증거는 그 앞에 순종하는 것이라 할 수 있다(히 11:8). 순종은 그 어떤 재물보다 향기로운 것이다 (행 5:29). 아담은 불순종했으나 예수님은 순종하셨다(롬 6:19). 이와 같이 순종은 믿음의 필수적인 기본이라 할 수 있겠다.

영성회복도 하나님께 순종하는 자세의 변화에 의하여 이루어진다. 하나님의 뜻에 불순종하는 자는 오직 타락과 파멸의 길밖에 없을 것이다.

불순종의 결과에 관한 재미있는 예화를 하나 소개할까 한다.

어미 꿩이 새끼들을 모아놓고 "애들아, 너희들이 땅 위에서 먹이를 찾아 먹을 때는 입으로 먹이를 먹되 귀는 열어놓고 내 음성에 주의를 기울여라. 내가 망을 보고 있다가 너희를 해치려는 짐승이 나타나면 크게 소리를 칠테니, 내 소리가 들리면 지체말고 나무 위에 날아오너라. 그리고 너무 멀리가면 내 목소리가 들리지 않을테니 너무 멀리가지 마라."고 주의를 주었다.

그래서 꿩 새끼들은 어미꿩의 지시대로 그리 멀지 않은 곳으로 흩어져 먹이를 찾았다. 그리고 엄마의 음성을 듣기 위하여 귀를 활짝 열어놓고 있었다.

그런데 그 중 한 마리가 엄마의 말을 듣지 않고 맛있는 먹이를 먹는데 정신이 팔려서 형제들과 멀리 떨어지게 되었다. 그 때 여우 한 마리가 꿩 새끼들을 발견하고 가까이 다가왔다. 이것을 본 어미 꿩은 새끼들에게 위험신호로 소리를 질렀다. 새끼 꿩들은 그 목소리를 듣고 일제히 나무 위로 날아서 위험을 피할 수 있었으나 너무 멀리 떨어진 꿩 새끼는 엄마의 목소리를 듣지 못하여 결국 여우의 밥이 되어버렸다.

"그러므로 어리석은 자가 되지 말고 오직 주의 뜻이 무엇인가 이해하라"(엡 5:17).

"그가 아들이시라도 받으신 고난으로 순종함을 배워서 온전하게 되었은즉 자기를 순종하는 모든 자에게 영원한 구원의 근원이 되시고"(히 5:8-9).

주님은 우리들에게 하나님께 절대적인 순종을 하는 법을 가르쳐 주셨다(눅 22:42). 우리는 이러한 주님의 순종을 배워 하나님의 뜻에 순종하며 나아가는 믿음을 가져야 할 것이다.

(4) 믿음은 변화를 맞이하는 것이다.

믿음은 그대로 있는 것이 아니라 변화와 아울러 성장하고 성숙해 나간다. 영적 성장과 성숙한 신앙생활을 위해서는 믿음 안에 변화되는 삶을 경험해야 할 것이다.

믿음이 강건해지면 잠들고 있는 영혼을 깨우는 성령의 역사와 더불어 시들해진 믿음의 삶들이 활기를 찾게 된다. 그래서 순종하는 가운데 능력있는 기쁨의 삶으로 변화되는 것을 알 수가 있다.

결국 믿음은 논리적이고 이론적인 신앙이 아니라 기적을 전제로 하는 하나님의 역사하심이시다. 주님을 믿고 순종하는 가운데 일어나는 변화의 체험을 경험할 때 성숙한 신앙의 열매를 풍성하게 맺을 것이다.

변화된 삶을 경험하기 위해서는 나를 성전 삼아 지금도 내재하시며, 역사하시는 성령충만의 믿음과 순종이 우선적이어야겠다. 성령은 우리의 인격체 안에서 작용하고 계신다는 사실을 알아야 한다.

"…너희 안에 거하시는 그의 영으로 말미암아 너희 죽을 몸도 살리시리라"(롬 8:11).

성령의 도움으로 우리의 삶은 믿음의 삶으로 변화될 수 있으며, 성령의 인도하심으로 삶의 가치관이 달라지고 그리스도화 되는 삶의 변화를 경험하게 된다.

필자 역시 화급하고 조급한 성격으로 인하여 신앙생활을 하는 데 있어서 여간 고통받은 것이 아니다. 개척 초기에 몇몇 성도가 너무나 애를 먹이고 내 생각대로 따르지 않아서 큰 결심 가운데 주일설교가 끝난후 중대발표를 하기에 이르렀다.

"지금부터 담임목사와 마음이 맞지 않은 성도는 모두 나가십시오. 그리고 나와 함께 마음을 맞추어 주께 영광드릴 성도는 아무 잔소리 하지 말고 내가 하는 대로 따라 주시기 바랍니다."

비장한 결심을 내보이고, 용기있게 발표하고 보니 얼마나 속이 시원하고 통쾌한지 너무나 기뻤다. 그러나 그 결과는 너무 비참했다. 제단에 선 경건한 목회자의 모습 대신 불량스러운 모습으로 "나갈 사람은 다 나가라" 하는 목사의 애꿎은 모습을 본 성도들이 누가 남겠는가?

"목사님! 어느 집사님도 떠났습니다" 하고 보고를 머칠 하시던 안수

집사도 연기처럼 사라져버렸으니 결과는 뻔했다. 그 다음 주일 예배에는 떠나지 못하는 사모와 우리 식구들만 남아 한탄섞인 설교를 들을 수밖에 없는 처지에 놓였다.

그 후 회개 기도 가운데 하나님의 책망을 들었다. "어찌 그 양들이 네 양이냐? 네가 무엇이길래 가라 오라 하느냐? 그 사람들을 변화시키려 하지말고 너나 먼저 변화되어라" 하는 음성을 들은 후 다시 그 성도만큼 모으는 데는 내가 변화받기 위한 훈련이 장장 3년이나 소비되었다.

마음 한번 잘못먹고 약 5초-10초 분풀이에 3년이라는 혹독한 훈련을 받은 것을 생각해 볼 때, 내가 한 번 성질 죽이는 것이 낫지, 괜히 자만심 가지고 폼 잡을 일이 아니라는 사실을 10년이 지난 지금도 깊이 명심하고 있다. 그러므로 모든 변화의 삶 자체도 자기가 변화시키려고 할 것이 아니라, 보혜사 성령께 맡기고 나아갈 때 이루어진다.

"보혜사 곧 아버지께서 내 이름으로 보내실 성령 그가 너희에게 모든 것을 가르치시고 내가 너희에게 말한 모든 것을 생각나게 하시리라"(요 14:26).

성령님은 때마다 하나님의 지혜로 변화된 삶으로 인도하고 지도하시는 분이시다. 또한 그의 주관하심을 믿고 따를 때 믿음으로 성취할 수 있는 능력의 삶으로 이루어주시는 협력자이시다. 그러므로 성령님의 인도와 지도에 따라 상실한 인간성 회복을 추구하는 그 자체가 영적인 삶 가운데 변화되어 가는 것이다.

하나님의 형상으로 지음받은 인간은 타락 전에는 영혼이 육신을 주도하여 하나님의 뜻대로 온전한 삶을 살았으나 전적으로 타락한 인간은 조금도 하나님의 뜻대로 살아갈 수 없는 지경에 이르렀다.

이런 우리를 위하여 성령은 우리의 심령을 깨우고 우리를 변화시켜 나가신다. 그러므로 성령님께 철저히 의탁하는 믿음을 가지고 변화되어야겠다.

변화된 믿음의 실제적인 삶은 우리들 개개인이 신령한 집으로 세워져서 하나님이 내주내재하심으로 그 은총 가운데 있는 것이다.

아무리 믿음으로 신앙생활을 훌륭히 하고 있다고 해도 그리스도인으로서 변화되지 않는 삶을 살고 있다면 그것은 성령의 내주하심이 없는 혼적인 삶과 믿음에 불과할 것이다.

그럼 어떻게 믿어야 할까? 그리스도인으로서 합당한 열매를 맺기 위한 삶의 변화가 있어야 하는 것이다.

"그런즉 누구든지 그리스도 안에 있으면 새로운 피조물이라 이전 것은 지나갔으니 보라 새 것이 되었도다"(고후 5:17).

새로운 피조물로 변화받은 우리는 곧 천국 시민임을 잊어서는 안되겠다.

(5) 믿음의 생명은 행함이다

사람들이 "나는 믿음이 있다"라고 말하는 것은 누구든지 할 수가 있다. 그러나 어떤 믿음인가가 문제이다.

"내 형제들아 만일 사람이 믿음이 있노라 하고 행함이 없으면 무슨 이익이 있으리요 그 믿음이 능히 자기를 구원하겠느냐"(약 2:14).

믿음의 증거는 행함으로 나타난다. 아무리 좋은 약도 먹어야 몸을 건강하게 하는 약효를 나타내게 되는 법이다. 훌륭하고 완벽한 이념이나 사상도 그것이 구체화될 때 비로소 가치를 인정받게 마련이다.

우리의 믿음도 이와 다를 게 없다. 우리는 믿음이 이세상 어떤 것과도 바꿀 수 없는 최고의 가치요 보배임을 알고 있다. 하지만 이것이 형식적이고 의례적인 옷을 입으면 그 믿음의 가치는 완전히 상실되고 만다.

유대 경건주의자들이 지닌 최대의 약점이 바로 이것이다. 그들의 믿음은 하나님께 대하여 열심이었으나 그들의 경건은 모습만 갖추었지 경건의 능력을 부인하는 외식적인 믿음이었다. 이런 형식적이고 의례적인 믿음을 두고 성경에서는 이렇게 경고하고 있다.

"경건의 모양은 있으나 경건의 능력은 부인하는 자니 이같은 자들에게서 네가 돌아서라"(딤후 3:5).

그리스도인의 모습이 믿음으로 나타나야 하고, 우리들의 전반적인 삶의 모든 곳에 믿음의 증거가 선한 행위로 나타나야 한다. 성경은 "영혼 없는 몸이 죽은 것 같이 행함이 없는 믿음은 죽은 것이니라"고 했다(약 2:26). 그래서 주님은 주의 이름을 부르자마자 다 구원에 참예하는 것이 아니라고 말씀하셨다.

우리의 믿음이 아무 유익도 없는 신앙이 되어서는 안되겠다. 선한 사마리아인처럼 이웃의 고통을 알고 실천할 수 있는 사랑의 마음이 있어야겠다.

"내가 내게 있는 모든 것으로 구제하고 또 내 몸을 불사르게 내어 줄지라도 사랑이 없으면 내게 아무 유익도 없느니라"(고전 13:3).

"내 형제들아 만일 사람이 믿음이 있노라 하고 행함이 없으면 무슨 이익이 있으리요 그 믿음이 능히 자기를 구원하겠느냐"(약 2:14).

믿음은 구원의 뿌리이고 행함은 구원의 열매이다. 그러므로 믿음의 합당한 행위가 삶 가운데 나타나지 않는 것은 곧 열매없는 신앙생활과 같다.

우리는 그리스도인으로서의 증거로 복음을 전달하고, 전도하며, 사랑을 실천하는 삶으로 믿음의 실상을 나타내야 한다.

행위는 믿음이 살아있다는 증거이고 그것은 곧 믿음의 표현이라는 것이다. 믿음이 없는 행위는 곧 불신자의 행위가 되고 그것은 죽은 행위라고 할 수 있다. 따라서 행위없는 믿음은 죽은 믿음이므로 결국 믿음과 행위는 하나이다.

믿음이 신앙의 내적 원리라고 할 때, 그것은 그 사람의 가치관과 인생관, 그리고 세계관에 이르는 삶의 전반적인 원리가 예수 그리스도의 복음에 기초하고 있음을 뜻한다. 그러한 삶의 원리는 반드시 행위로서 그 실제적인 삶 속에 나타나기 마련이다.

영성교육에 참석한 많은 성도들이 이런 외식적인 신앙에서 탈피하여 성장과 성숙함에 이르면 그 행위도 그리스도를 닮은 사랑으로 믿음의 행위가 나타나는 것을 볼 수 있다.

"네가 보거니와 믿음이 그의 행함과 같이 일하고 행함으로 믿음이 온전케 되었느니라"(약 2:22).

행함으로 의를 이루는 믿음 가운데 참된 신앙의 건강한 삶을 살아야 하겠다.

(6) 믿음은 신실함이다

이제 자신의 삶의 중심을 하나님께 맡기고 의지하며 살아가는 믿음으로 신본적인 중심으로 전환된 신앙적인 삶이라면 신실한 사람으로 성숙해진 것이다.

믿음이란 그리스어로 '피스티스'라 하는데 그 의미가 '신실하다'는 뜻이다. 정말 "저 사람 믿음이 좋아" 할 때 "저 사람은 신실한 사람이야"라는 것을 의미하는 것이다.

우리가 주를 믿으면서도 신실하지 않으면 신앙이 성숙하지 못한 것이다. 결국 바꾸어서 얘기하자면 성숙한 신앙은 신실한 믿음이 되어야 한다는 것이다.

하나님 자신이 신실하신 분이다. 신명기 7장 9절 말씀에 "…네 하나님 여호와는 하나님이시요 신실하신 하나님이시라…"고 하셨듯이 하나님의 신실성을 성경에 잘 기록하고 있다.

하나님께서 신실하시다는 의미 속에는 하나님의 성실하신 속성이 포함되어 있다. 예레미야는 하나님께서 비록 멸망받을 수밖에 없는 죄인을 자비하심으로 매일 돌보심을 바라보며 하나님의 성실이 크심을 찬양했다(애 3:22-23). 하나님은 우리가 죄를 범하고 당신의 뜻을 거역할지라도 우리를 돌보시는 일을 멈추지 않으신다. 그러나 인간은 자신의 일을 남들이 인정해 주지 않을 때 실망하여 그 일을 포기하거나 멈추어 버린다.

하나님은 비록 인간이 하나님의 뜻을 이해하지 않고 불평을 하더라도 인간을 향한 사랑은 변치 않으시고 성실하게 자신의 일을 하시고 계신다. 만약 하나님께서 성실하게 사역하시지 않으셨다면 우주의 모든 운행이 마비가 되고 인간 세상의 일은 모두 멈추어지고 파멸하게 되었을 것이다.

그러나 하나님은 성실하시고, 확고하시고, 신실하신 분이라 우리가 아침에 눈을 뜨고 일어났을 때 세상은 여전히 하나님의 섭리하심에 힘입어 돌아가고 있음을 발견한다.

예레미야는 이러한 하나님의 성실이 아침마다 새롭게 느껴진다고 고백한다(애 3:23). 끝까지 자신의 일을 포기하지 않고 행하시는 신실하신 하나님 때문에 우리는 지금도 숨쉬며 살아가고 있다.

이러한 하나님의 형상대로 지음받은 우리 역시 신실한 믿음으로 확고부동한 자세로 하나님을 믿고 신뢰하며 순종해야 할 것이다. 변치 않고, 확고한 자세로 일하시는 하나님의 모습처럼, 우리 역시 어떤 환경적인 변화가 주어지더라도 흔들리지 않는 신실한 믿음이 중요하다.

그러기 위해서는 날마다 자기를 부인하는 삶 가운데 자기훈련이 필요하다. 신실한 믿음은 거저 갖추어지지 않는다. 자신의 욕망과 감정대로 살고 싶은 혼적인 마음에 못을 박고 새롭게 거듭나는 새생명의 간절한 열망없이는 확고한 신실한 믿음을 유지할 수 없기 때문이다.

오! 신실하신 주(복음성가)

1. 하나님 한번도 나를 실망시킨 적 없으시고
   언제나 공평과 은혜로 나를 지키셨네
   오 신실하신 주 오 신실하신 주
   내 너를 떠나지 않으리라 내 너를 버리지도 않으리라
   약속하셨던 주님 그 약속을 지키사
   이후로도 영원토록 나를 지키시리라 확신하네

2. 지나온 모든 세월들 돌아보아도
   그 어느 것 하나도 주의 손길 안미친 것 전혀없네
   오 신실하신 주 오 신실하신 주
   내 너를 떠나지 않으리라 내 너를 버리지도 않으리라
   약속하셨던 주님 그 약속을 지키사
   이후로도 영원토록 나를 지키시리라 확신하네

(7) 믿음은 자유롭다

믿음이 진리 안에 삶의 한부분이 되었을 때 참으로 자유롭다는 것을 느낄 수가 있다.

구원이 무엇인가? 바로 자유함이다. 죄의 속박, 유혹, 불안, 공포, 죽음 등에서 자유로워지는 것이다. 주님은 우리의 모든 것을 구속해 주시고 진리 안에서 자유로움을 주셨다.

진리 안에 있을 때 우리는 자신의 모든 감정으로부터 자유하는 그리스도인이 될 수 있다. 사랑이신 주님을 믿는다고 하면서도 감정에 집착하고 사람에 대한 미움과 분노, 그리고 증오심이 계속 일어난다는 것은 아직 진리 안에 자유로워지지 못했기 때문이다.

신앙이 성숙하고 장성하면 더욱더 진리 가운데 자유로워지는 것을 알 수가 있다. "진리를 알지니 진리가 너희를 자유케 하리라"(요 8:32).

필자는 사회생활을 하다가 조금 늦게 신학을 한지라 장로교 총회 신학교를 다니게 되었다. 이런 점이 늘 불만으로 남아 졸업하고서도 목회 시작부터 '부족한 자기'라는 감옥에서 벗어나지 못했다.

그래서 부흥회가 있든지 초청받은 집회에 갈 때면 으레 따르는 이력이나 경력부분에 자신감을 잃고 주저하기가 한두 번이 아니었다.

이런 문제의 걸림돌을 제거하기 위하여 하나님 앞에 기도도 많이 하게 되었고 이런 부족함 때문에 더욱더 열심히 할 수 있었다. 그리고 미국 유학이라는 길도 선택하게 되었던 것이다.

지금도 감사한 것은 비록 부족함이 있었지만 그 부족함을 통하여 더욱 더 하나님께 의지하고 매달릴 수 있었다는 것이다.

사람이 자기라는 감옥에 갇히게 되면 열등의식, 자기비하, 패배의식, 좌절 등 수많은 정신적 스트레스로 한 걸음도 전진할 수 없는 인격 장애자가 되고 만다.

우리는 그리스도의 건전한 인격체를 닮아가며 살아야 한다. 주님은 못배우고, 헐벗고, 가난했으나 그분의 인격마저도 궁핍하고, 비천하게 가지지는 않았다. 우리는 그 분의 고귀한 보혈로 말미암아 하나님의 귀한 자녀가 되었다는 사실 앞에 긍지와 보람을 가져야 할 것이다.

그러므로 자기 감정에 자신을 가두어서는 안된다. 자기의 불안이나 두려움에 자기를 가두어 놓지 말라. 또한 자기 문제의 감옥에 갇혀 있어서는 안된다.

앞에서 필자의 간증으로 예를 든 것처럼 자신의 부족함의 한계상황에서 벗어나서 자유로워질 때 그 어떤 것도 자신을 억압하거나 속박하는 문제가 생기지 않을 것이다.

우리는 진리 안에 자유로워야 한다. 오히려 나의 결점을 선용하시는 하나님의 은혜에 감사하며 그것을 믿고 신뢰하는 자가 축복받은 자이다.

지난날 그런 문제로 주님의 복음을 제대로 전하지 못하고 주위를 의식하는 가운데 괴로워하고, 힘들어하면서, 성령을 근심케 했던 어리석음을 다시 한번 더 생각하며 자성해 본다.

오늘 당신은 어떤 결점과 부족함 앞에 서있는가? 바로 그 때가 하나님의 은혜와 축복이 임할 때이다. 오히려 자신의 결점과 부족함을 위하여 기도하면서 자유로워질 때 하나님의 역사하심을 체험하는 좋은 은혜의 시기가 될 것이다.

자기로부터 벗어나라! 그리고 진리 안에서 자유함을 누리라! 믿음은 자유로워야 한다. 곧 자기로부터 벗어나는 것이다. 믿음은 모든 상황으로부터 해방되는 것이며, 억압과 속박에서 자유로워지는 것이다.

어떤 불안과 염려와 두려움이라는 자기 틀 속에 갇혀 고통스러워하고 있는가? 이제 하나님께 "오늘 나에게 이런 문제를 주셔서 감사합니다. 이 문제를 통하여 더욱더 성숙하는 믿음을 가질 수 있도록 도와 주소서!'라고 기도하라.

주 안에 있는 나에게(찬송가 455장)

1. 주 안에 있는 나에게 딴 근심 있으랴
   십자가 밑에 나아가 내 짐을 풀었네
   주님을 찬송하면서 할렐루야 할렐루야
   내 앞길 멀고 험해도 나 주님만 따라가리

2. 그 두려움이 변하여 내 기도 되었고
   전날의 한숨 변하여 내 노래 되었네
   주님을 찬송하면서 할렐루야 할렐루야
   내 앞길 멀고 험해도 나 주님만 따라가리

결국 건강한 신앙의 삶을 살기 위해서는 참된 믿음의 영성회복에 그 중점을 두어야 하는 것이다. 주 안에 있는 우리는 참믿음으로 그분에게 모든 것을 맡기고 내면의 자유함에 이르면 어떤 문제도, 질병도, 고통도 해결되는 것을 체험하는 역사가 이루어진다.

2장. 건강한 신앙의 회복단계

우리는 영성회복을 위한 희망의 근거를 마련하고
단계적인 신앙 성장과 아울러
건강한 삶을 위한 구체적인 방법을
알 필요가 있다.
아마도 최종적인 인간 희망의 근거는
건강한 신앙적인 삶의 부활일 것이다.

1. 건강한 신앙의 삶이란?

결국 영성적인 건강한 신앙이라는 것은 우리 자신의 부패한 삶의 방법과 수단으로 삼는 신앙생활이 아니라 우리로 하여금 그분의 뜻 가운데 그분이 원하시는 믿음의 삶을 살아가는 것이다.

다시 말해 그것은 예수 그리스도를 닮은 삶을 살게 하려는 것이다 (엡 4:13).

(1) 인본적인 삶의 중심을 신본주의로 전환하는 삶이다

인간은 다른 동물과 구별되게 섬기는 삶을 살 수 있다. 여기서 인간은 하나님을 섬기기 위하여 창조되었음을 잘 알 수 있다.

우리는 앞장에서 '나는 누구인가?'를 생각해 보았다. 나는 어디서 왔으며, 나는 무엇을 위하여 살고 있으며, 나는 어디로 가는지를 알게 된다. 인생의 답을 얻기는 어렵지 않을 것이다.

우리의 인생을 가정하여 표현하자면 검푸른 바다 한가운데서 심한 강풍을 만나서 일엽편주에 몸을 싣고 풍랑에 시달리며 망망대해에 표

류하는 모습이 아닐까 싶다. 떠있는 곳이 어디이며, 어디로 흘러가고 있는지조차 모르며, 언제 어떻게 죽을지 모르는 사람과 무엇이 다른가?

이 세상에 사는 목적과 가치는 무엇이며, 죽음 후의 저 어둡고 비좁은 무덤 속에는 무엇이 있는지를 알고 있는가? 건강한 신앙적 삶을 위하여 자기자신이 누구인지를 질문조차 해보지 않았으니 어떻게 자기자신을 알 수 있겠는가? 바로 이 문제를 두고 우리 주님은 우리를 구원하시기 위하여 이땅에 오신 것이다.

아무리 부귀 영화를 누리는 삶이라도 먹고, 마시고, 입는 것으로 만족하는 삶이라면 타 동물과 다를 바가 없지 않다. 자기의 위치, 방향, 생존의 의미도 모르는 삶은 아무리 부유하고, 풍족한 삶을 산다고 하여도 불쌍한 영혼일 것이다.

우리는 알아야 한다. 왜 밥을 먹고, 숨을 쉬고, 일을 하고 있는지를 모르면 우리의 가슴 속에 있는 허무와 허망함은 영원히 떠나지 않을 것이다.

영혼의 주인이신 하나님은 우리가 죽어서도 섬겨야 할 위대한 창조주이시다. 우리는 이 분을 섬기고 또 이 땅을 떠나서 본향인 하늘 나라에 거하여 영원토록 섬기며 살아야 한다. 그렇기에 이땅에서 우리는 그 분을 섬기기 위한 삶을 준비하는 기간이라 할 수 있다.

인간은 존귀한 존재이다. 그 분의 형상대로 창조되었으며, 장엄한 영적 존재이므로 혼과 육체를 다스릴 수 있는 존재이다. 이런 우리가 자신의 수단과 방법, 자신의 지혜에 의지하여 살아간다는 것은 참으로 어리석은 일이 아닐 수 없다.

우리를 창조하시고, 온 우주를 창조하시고, 만물을 창조하신 하나님의 전지 전능하신 능력이야 말로 어찌 언어로써 다 표현할 수 있겠는가?

지혜의 원천은 인간이 아니라 바로 하나님이시다. 이런 우리가 자신의 방법대로 살아가겠노라고 머리를 쓰고, 생각대로, 자신의 지식대로 움직인다면 그 삶은 실패작이 될 것이다.

건강한 신앙적인 삶의 기본은 인본적인 모든 것을 신본적인 중심으로 옮기는 삶이라 할 수 있다.

"우리 가운데서 역사하시는 능력대로 우리의 온갖 구하는 것이나 생각하는 것에 더 넘치도록 능히 하실 이에게 교회 안에서와 그리스도 예수 안에서 영광이 대대로 영원 무궁하기를 원하노라 아멘"(엡 3:20-21).

(2) 하나님을 섬기며 사는 삶이다

인생을 가리켜서 '공수래 공수거'(空手來空手去)란 말이 있다. 즉 빈손으로 왔다가 빈손으로 간다는 뜻이다. 하지만 비록 이 세상에 올 때에는 빈손으로 왔지만 갈 때에는 이 땅 위에 자신이 살고간 흔적을 남기고 가야 한다.

예수님이 우리에게 남기고 가신 그 사랑이 오늘 우리의 가슴에 진하게 남아 있다. 우리는 그 분의 가르침대로 이 땅에 사는 동안 그분의 사랑을 다시 전달하고 가야 하는 그리스도인이라는 사실을 알아야겠다.

이제 인본주의적인 삶이 신본적인 삶으로 변화되고 그 중심을 하나님 중심으로 살고자 하는 사람은 하나님이 기뻐하시는 삶이 되기 위한 신앙적인 건강한 삶이 되어야겠다. "…너희 몸을 하나님이 기뻐하시는 거룩한 산 제사로 드리라 이는 너희의 드릴 영적 예배니라"(롬

12:1).

우리의 몸은 그 자체가 하나님이 거하시는 거룩한 성전이다(고전 3:16). 그러므로 우리는 영적 갈등을 가지지 않을 수가 없다. 이 세상을 살면서 자기를 섬기든지, 하나님을 섬기든지 양자택일 해야 한다.

하나님의 거룩한 성전이라는 사실을 알면서도 이율 배반적으로 자기를 섬기며 살아가는 신앙인들이 얼마나 많은가? 이런 상태에서는 영성이 제대로 자리를 잡지 못할 것이다.

하나님의 성전인 우리는 앞에서 밝힌 것처럼 예수 그리스도를 닮은 삶을 이땅에 남기고 가야만 "너는 나를 위해서 무엇을 하고 왔느냐?"는 주님의 질문에 답할 수 있을 것이다. 그러기 위해서 우리는 그리스도를 닮은 삶을 살아야겠다. 곧 그것이 신앙적인 건강한 삶이라 할 수 있다.

(3) 하나님의 성품을 닮는 삶이다

하나님 중심의 삶을 살기 위해서는 하나님의 성품을 추구해야 한다. 하나님은 어떤 분이신가? 우리가 아는 바와 같이 하나님은 의로우신 분이다. 하나님은 불의가 하나도 없으신 분이다. 이러므로 불의한 삶의 태도를 갖고 사는 사람은 하나님과 동행할 수가 없다.

"이러므로 하나님의 자녀들과 마귀의 자녀들이 나타나나니 무릇 의를 행치 아니하는 자나 또는 그 형제를 사랑치 아니하는 자는 하나님께 속하지 아니하리라"(요일 3:10).

인간이 불의를 가지고서는 하나님을 만날 수 없으며, 부정과 부패를 가지고도 만날 수 없다.

하나님의 성품을 받아들이는 개인과 가정과 사회는 반드시 부흥하고 발전한다. 그러나 하나님의 성품과 등진 자, 불의와 부정을 행하는 자는 실패하거나 멸망하고 말 것이다. 불의와 부정은 불신을 초래하고 자신을 비극적인 존재로 타락시키고 만다.

참된 신앙은 불의를 좇아 썩어져가는 옛사람을 벗어던지고 그리스도를 좇아 의로운 사람으로서 하나님을 섬기는 자이다(골 3:5-10).

우리가 종교적인 성품을 가지고 종교적인 환경에 동참하는 의미로 교회 열심히 왔다갔다 한다고 해서 하나님을 섬기는 것이 아니다. 하나님은 의로우시기 때문에 우리는 의로써 새롭게 변화받아서 하나님과 교통하며 섬기는 것이다. 이것이 진정한 영성적인 신앙의 삶이라 할 수 있다.

또한 하나님의 성품은 거룩하다. 그러므로 우리도 거룩한 자녀가 되어야 한다. 하나님의 성품은 자비와 긍휼이 많으시니 우리 또한 자비와 긍휼이 많은 자녀가 되어야겠다. 하나님은 사랑 그 자체이시다. 따라서 우리 역시 사랑을 실천하고 살 때 하나님의 성품을 좇아 살아가는 영성적인 신앙의 삶이 될 것이다.

(4) 하나님의 뜻을 따라 사는 삶이다

인간 자신도 자기 뜻을 세워서 삶에 반영하며 살아가는데, 하물며 천지와 만물을 창조하신 하나님께서 자녀인 우리 개인을 향한 뜻이 없을 리 만무하다.

영성적인 삶을 살기 위해서는 내 뜻을 주장하지 말고 하나님의 뜻을 간절히 찾아 그 뜻대로 살아가야 할 것이다.

한 가정에도 남편의 뜻이 있고, 아내의 뜻이 있을 것이다. 가정이 원만하고 잘 되려면 부부가 선한 뜻을 따라 살아가야 한다. 그것이 행복한 삶일 것이다. 그러나 비합리적인 뜻을 부부가 서로 고집하며 자기화 시키려고 할 때는 행복할 리가 없다.

하나님 역시 한 개인을 선택하시고 부르셨을 때 그 분의 뜻하시는 바가 있을 것이다. 이 뜻을 따라 살아가는 삶이야말로 참된 영성적인 삶이 될 것이다. 성경은 "너희 안에서 행하시는 이는 하나님이시니 자기의 기쁘신 뜻을 위하여 너희로 소원을 두고 행하게 하시나니 모든 일을 원망과 시비가 없이 하라"고 하셨다(빌 2:13-14).

소원과 확신은 하나님의 뜻을 알 수 있는 감지계이다. 하나님의 뜻을 헤아리고 그 뜻에 따라 사는 것이 올바르게 섬기는 것이다.

마치 자녀가 부모를 섬기려면 부모의 뜻을 잘 받들어야 하는 것처럼 하나님을 섬기는 것도 나를 향한 하나님의 뜻이 무엇인지를 알아야 한다. 그래서 그 뜻대로 따르는 삶이야말로 최상의 영성적인 신앙의 삶이며, 축복의 삶이라 할 수 있다.

(5) 하나님을 기쁘시게 하는 삶이다

남편을 섬기는 아내, 아내를 섬기는 남편은 서로를 기쁘게 한다. 부모를 섬기는 자녀도 어찌하던 부모를 기쁘게 하기 위하여 최선을 다하듯이 우리 역시 하나님을 섬길 때 하나님을 기쁘시게 하는 삶을 살게 된다. 그 때 하나님의 놀라운 은총의 은혜를 받는다.

하나님이 기쁘시면 우리 역시 기쁨을 얻는다. 하나님을 기쁘시게 하려는 삶을 살지 않고 오히려 하나님을 이용해 자신의 기쁨을 위하여 살아가는 사람도 많다. 이럴 때 하나님은 슬퍼하실 뿐 아니라 우리에 대한 기대감이 무너져 내릴 것이다.

그러면 우리는 무엇으로 하나님을 기쁘게 해드릴 수가 있는가? 나의 물질과 유익을 얻기 위해서 섬기는 것이 아니라 하나님의 나라와 그 의를 위하여 영성적인 삶을 살아야 한다. 그러면 하나님은 우리에게 무엇을 입을까, 무엇을 먹을까 하는 문제를 해결해 주실 것이다. 나 자신의 유익을 위한 탐욕을 버리고 순수하게 하나님을 섬겨야 할 것이다.

하나님을 섬기는 그 자체는 어떤 이해 득실의 배경보다 그리스도인으로서 당연한 것이며 또한 사명이다.

내게 좋은 일이 있으면 섬기고, 그렇지 않으면 섬기지 않는 인간의 이해타산으로 하나님을 대하면 오히려 우리보다 먼저 아시는 하나님이시다.

하나님은 늘 기도로 자신과 대화를 하고자 하는 자녀를 사랑한다. 하나님은 봉사하고 헌신하는 자녀를 좋아한다. 육신의 부모도 자신의 뜻을 잘 따르고 부모에게 효도하는 자녀에게 아낌없이 사랑을 베풀고 좋은 것을 베풀어 주시기를 원한다.

신앙적으로 성장되고 성숙한 삶을 원하는 자녀는 하나님을 기쁘게 하는 삶을 살려고 노력하며 기도하는 사람일 것이다.

성령을 의지하여 하나님을 기쁘시게 하는 삶으로 성숙한 신앙인이 되어야 한다. 건강한 신앙적 삶이란 결국 그리스도화되는 것을 말하는 것이다. 그러기 위해서는 모든 인본적인 삶을 신본적인 중심의 삶으로 전환하고 그리스도를 섬기며, 그분이 우리에게 제시해 준 삶의 모본으로 그분의 성품과 기쁘신 뜻과 말씀대로 건강한 삶을 이끌어 나가야 한다. 우리는 성령님의 도움으로 신앙적인 삶을 살아갈 수 있다.

2. 영성회복의 필요성

(1) 영적 세계

우리는 육신으로 태어난 그대로의 삶을 살아가고 있기 때문에 오직 눈에 보이는 현실적 세계에만 안주하고 있다. 이러한 삶을 감각적인 삶이라고 한다. 이 감각적인 삶을 추구하는 우리는 영원한 것이 아무 것도 없는, 바람같이 지나가는 일시적인 허무한 삶이라고 해도 과언이 아닐 것이다.

막상 죽음이 다가오면 보이는 이 세계를 잃어버리고 죽음보다 더한 절망의 나락으로 떨어져버리고 만다. 현실을 살아가는 사람들은 마치 죽은 이의 절망이 자기와는 전혀 상관없는 것처럼 단지 눈에 보이는 감각적인 세계에만 도취되어서 정신없이 살아가고 있다. 그러나 하나님은 우리들에게 눈에 보이지 않는 영적 세계를 제시하고 계신다.

믿음으로 볼 수 있는 세계, 오직 거듭난 자만이 갈 수 있고, 중생한 자만이 부활할 수 있는 세계, 우리는 이 세계를 가리켜 영적 세계인 하늘나라라고 한다.

이 영적 세계는 영적으로 부활한 자만이 그 영광을 누릴 수가 있다. 영성적인 회복없이는 이 세계를 알 수 없으며, 영적 성장만이 하나님의 은혜와 축복의 삶을 보장해 줄 것이다.

우리는 아담의 원죄와 우리들의 죄로 인하여 단절되어버린 하나님과의 영적 교통을 다시 회복하여서 능력있는 하늘백성이 되어야 한다.

우리는 현실에 존재하는 감각적인 세계에서 눈에 보이는 것만 추구하며 살아가기 때문에 절망적인 삶을 살아가지 않으면 안된다.

육체의 정욕을 따라 사는 삶이기에 세상은 끝없이 탐욕으로 세상은 악으로 물들어 있다. 그리고 그로 인한 스트레스, 고독, 질병, 좌절, 절망, 사고, 전쟁, 기아, 천재지변, 환경의 오염, 죽음 등의 고통은 우리 인간의 힘으로는 도저히 해결할 수 없는 단계에 이르렀다. 이런 삶에 절망과 회의를 느낀 일부 심약한 사람들은 자신의 실존의 가치와 의미를 잃어버리고 인생을 스스로 포기하고 패배적인 삶으로 나아간다.

그러나 하나님이 주신 귀중한 삶의 가치관을 가진 사람이라면 누구나 삶의 행복을 추구하며 성공적인 삶을 추구하기를 원할 것이다. 이러한 인간의 문제, 삶의 문제를 해결하기 위하여 2000년 전 예수님은 이땅에 구세주로 오셨다. 그래서 잃어버린 하나님과의 영적 불목의 담을 허물어 버리시고 하나님과 교통할 수 있는 대속의 은총을 우리에게 은혜로 베풀어 주셨다.

그러므로 우리가 잃어버린 영성을 회복하여 영성적으로 살아가는 삶을 추구할 때 예수 그리스도의 대속의 은총의 역사가 이루어질 것이다.

영적으로 삶을 살아가는 사람이 있는가 하면 혼적으로 살아가는 사

람도 있다. 아담 역시 타락하기 전에는 영으로 살았지만 타락한 후에
는 자신의 혼적인 삶을 살 수밖에 없었다.

영적으로 사는 길은 생명과 평안이요, 혼적으로 사는 길은 결국 죽
음의 길이다. 짐승도 혼이 있지만 영적인 것은 없다. 영은 하나님을
모신 그릇이다. 그 속에는 양심, 직감, 교통이 있다. 인간의 죄로 인
해 영이 죽자 하나님과의 교제도 끊어졌다. 영적 교통이 단절된 것이
다.

인간의 혼적인 것은 끊임없이 자기의 바벨탑을 쌓아갈 뿐이다. 그
래서 영에 사는 사람과 혼에 사는 사람의 차이가 분명하게 난다는 것
을 알 수가 있다.

영적인 사람은 어떤 사람인가?

첫째, 중생하여 거듭난 사람이다.

둘째, 자기를 굴복시켜 하나님 말씀 중심으로 살아가는 사람이다.

셋째, 믿음으로 하나님을 사랑하고 깊이 신뢰하는 삶이다.

혼적인 사람은 어떤 사람인가?

첫째, 무신론자요 인본주의적인 삶을 살아가는 사람이다.

둘째, 감각적이고 이성주의자이다.

셋째, 자기중심적인 사람이다.

넷째, 육체적 쾌락주의자이다.

다섯째, 허무와 사망의 노예적인 삶을 살아가는 사람이다.

결국 영적으로 사는 사람은 어떤 환경에도 초연하고 혼적인 동요를
정복하고 하나님의 말씀 중심에 살아가는 사람이다.

이제 우리는 주님이 우리에게 베풀어주신 구원의 은총으로 잃어버
린 영성적인 것을 회복시켜야 한다. 그렇게 되면 죽어버린 영적 세계
의 모든 삶들이 하나님의 은혜로 새롭게 부활될 수가 있다.

그러므로 영적 세계를 갈망하는 자는 시들하고, 축 처져 있는 믿음이 아니라 생기있고 창조력있는, 믿음의 실제적인 능력으로 성장하게 된다.

모든 삶의 불안과 공포, 염려와 걱정 근심이 사라지고, 확신과 담력과 희망, 기쁨이 생겨나서 어떠한 환경의 절망감도 극복하는 내적인 힘이 생긴다. 그리고 구원의 확신과 더불어 생기발랄하고 건강한 신앙의 삶으로 열정적이고 긍정적이며 창조적인 삶으로, 부활될 것이다.

(2) 영성회복시 생기는 영적 기능들

영성이 회복되면 영적으로 죽어있던 기능이 다시 살아난다.

① 직관

혼에 감각이 있듯이 영에도 감각이 있다. 영은 혼에 밀접하게 연관되어 있지만, 혼과는 완전히 다르다. 혼은 갖가지 감각을 지니고 있다. 그러나 영적인 사람은 혼적인 감각과 전혀 다른 일련의 감각을 자기존재의 가장 깊은 곳에서 탐지할 수 있다.

영도 영의 심층에서 기뻐하고, 슬퍼하고, 기대하고, 사랑하고, 두려워하며, 인정하고, 판단하고, 결정하고, 분별할 수가 있다.

이러한 활동은 영 속에서 감각되는 것으로서 몸을 통하여 혼에 의해 표현되는 감각과는 완전히 다른 것이다(고전 14:15-16, 고후 2:13, 고후 4:13, 엡 1:17, 골 1:8, 행 2:22, 요 11:33, 요 13:21, 눅 1:47 참조).

이 영적인 감각을 직관이라 한다. 그것은 이 감각이 어떤 동기나 이유가 없이 즉 나의 혼적 의지와는 관계없이 직접 침투되며 어떤 과정을 거침없이 직접적으로 나타나기 때문이다.

사람의 보통 감각은 사람이나 사물이나 사건에 의하여 기인되고 발생된다. 그러나 영적인 감각은 외부의 원인이 필요없고 내면으로부터 직접적으로 표출되는 것이다.

영과 혼의 유사점이 많아서 혼돈하기가 쉽지만 외부의 영향을 받지 않는 내면의 감각을 직관이라 한다.

예를 들어서 어떤 좋은 일을 했을 때 도움받은 대상이 감사하며 인사를 할 때 혼적인 기쁨이 들어올 것이다. 그러나 그것과 상관없이 도움을 받은 상대가 전혀 감사하지 않아도 내면에 있는 영이 성령으로 인하여 기쁨을 얻는다면 외부로부터 얻는 기쁨보다 천배 만배 깊이있는 기쁨이 들어오게 된다.

성령은 우리의 직관을 통하여 인도하시고, 지도하시며 하나님의 계시를 전달하는 것이다.

② 영교

우리는 몸을 통하여 물질세계와 교통하고 있다. 그러나 영은 영적 세계를 통하여 교통한다. 이 영적 세계와의 교통은 이성이나 감정을 통해 이루어지지 않고 영이나 영의 직관을 통하여 이루어짐을 알 수 있다.

하나님을 예배하고 하나님과 교제를 나누려면 먼저 하나님과 유사한 성격을 지녀야 할 것이다.

"하나님은 영이시니 예배하는 자가 신령과 진정으로 예배할지니라"(요 4:24).

서로 다른 성격 사이에는 교통이 있을 수가 없다. 그래서 영이 죽어 있는 불신자와 영을 사용치 않는 형식적인 신자는 하나님과 순수한 교제를 나눌 자격이 없다.

하나님과 우리의 교제는 우리의 생각이나 느낌이나 의지보다 더 깊은 나의 가장 깊은 곳에서 영의 직관으로 경험할 수 있다.

직관은 계속 자랄 수 있으며, 직관에는 한계가 없다. 이러한 직관에 의한 영교는 성숙하지 않으면 절대로 이루어질 수가 없다.

똑같은 말이라도 그의 성장과 성숙에 의하여 가치관이 달라지듯이 하나님이 원하시는 영성적 장성한 삶 가운데 교통이 이루어지지 못한 상태에서 영적 교통이란 있을 수가 없다.

③ 양심

우리가 하나님의 영광에 이르지 못할 때에 우리를 꾸짖거나 질책하여서 하나님의 자녀로 구원에 이르게 하는 기능이다.

우리가 죄인이었을 때에 우리의 영은 철저히 죽어 있었다. 따라서 우리의 양심도 죽어 있었고 정상적인 기능을 할 수가 없었다.

죄인을 구원하는 데 있어서 성령께서 첫 번째로 하시는 일이 죽어 있는 양심을 살리고 깨우는 일이다. 성령께서 죄인이 하나님의 법을 어긴 것과 그가 하나님의 의로운 요구에 응할 수 없다는 것을 깨우쳐 주신다.

또 이러한 죄인은 정죄된 상태에 있으며 영벌을 받아 마땅하다는 것을 깨닫게 하시기 위해 어두워진 양심을 흔들어 깨운다. 이때 우리에게 이 양심을 통해 하나님 앞에 나갈 수 있는 길을 제시해 주신다.

그러므로 양심은 성령의 지배를 받도록 되어 있다. 그러던 것이 죄의 유입으로 인해 양심도 악령의 요구를 수용하게 되고, 또 타협하고 있는 실정이다.

이것으로 인하여 인간의 비극은 시작되었다. 이때부터 고통의 시작이요, 아픔의 시작이요, 좌절과 미움과 분노가 무엇인지를 알게 되었다. 성령은 우리를 하나님이 창조하신 의도대로 옳게 인도하시고 지도하여 끌고 나가려고 하지만, 악령은 우리를 파괴시키고 하나님의 의도와는 반대로 우리를 절망케 한다.

그러므로 성령은 생명이요, 악령은 죽음이다. 성령은 사랑과 화평이지만, 악령은 미움과 불화와 불평이다. 성령의 일은 양심을 푸근하게 하고 기쁘게 하나, 악령의 일은 양심을 괴롭게 하고 불안과 두려움에 떨게 만든다.

그러므로 하나님이 주신 양심에 비추어 빛을 발할 때 직관과 더불어 영교를 할 수 있는 놀라운 은혜가 주어진다.

(3) 영성적 생활의 위험요소

영적 세계를 갈망하는 사람은 매일 영적인 것을 따라 행하는 것보다 더 중요한 일은 없을 것이다. 언제나 영적인 상태에 머물러 있어야 하므로 말씀과 기도로 내면의 세계를 보호하지 않으면 안된다.

우리의 삶은 곧 영적 전투이므로 항상 하나님의 뜻에 순종하도록 자신의 자아를 하나님 앞에 굴복시켜야 한다. 그래야 사탄의 공격으로부터 자신을 보호할 수 있다.

우리는 잠시도 방심해서는 안된다. 쉼이란 있을 수가 없다. 지금 나는 성령께 이러한 영적 문제를 가지고 과연 도움을 청하고 있는지를 살펴보아야 하겠다.

올바른 영성적 생활을 지탱하기 위하여서는 반드시 성령의 인도하심과 지도하심을 따라 살아야만 한다. 십자가의 삶은 곧 영을 따라 행하며 사는 것을 의미하는 것이다. 영성적인 삶 자체를 영위하기 위해서는 날마다 자신을 부인하는 삶이어야 한다. 또한 자신의 십자가를 지고 주님을 따라가야 한다.

모든 성도들이 하나님의 뜻에 따른 삶, 성령의 인도하심을 따르는 삶을 희망하고 있으나 결국은 육신의 정욕에 의한 삶의 틀을 쉽게 벗어나지 못하고 있다. 그 이유는 항상 곁에서 우리를 돕고자 하시는 성령님을 진심으로 모셔들이지 못하고 있기 때문이다.

많은 이들이 자기 영에 성령의 역사가 가끔 일어나는 것을 체험하고 그것이 전부인 양 감격하여 특별한 경험을 한 것으로 간증하지만 그것은 일상적인 경험이라고 할 수 있다.

성령의 역사는 지금도 일어나고 있으며, 계속적으로 역사하고 있다. 또한 매일같이 은혜로 함께 하시고 계신다는 사실을 알아야 하겠다. 때로 우리는 성령의 역사를 혼적으로 느끼고 감성적으로 받아들이려고 하는데 이점을 잘 분별하여야 할 것이다.

우리는 혼적인 것과 영적인 것을 구분하지 못할 때가 많다. 생각을 할 때는 그 생각의 출처가 어디인지를 인식해야 할 것이고, 느낌을 받을 때는 그 느낌이 어디서 유래하는가 방향포착을 잘해야 하겠다.

우리는 혼이 자아의식을 제공하는 것을 알 수 있다. 이 자아의식의 한 양상은 바로 자기성찰을 들 수 있는데, 이것은 영적 생활에 도움을 주는 것처럼 느끼게 되지만 사실 신령한 생활에 걸림돌이 된다.

자기성찰의 초점을 자기 중심적으로 맞추게 되면 '자아 생명의 성장'만을 촉진시키는 결과가 되어서 오히려 교만과 자기자랑만 나타나는 경우가 많다. 자아의식의 자기성찰은 안된다. 그 초점을 영적으로 하나님께 맞추어 하나님을 거울삼아야 할 것이다. 영적 자기 성찰은 오직 회개와 거듭남의 순종만 있을 뿐이다.

우리는 성령께서 공급해 주시는 지식을 통해서 속사람의 모든 부분이 어떤 상태에 놓여 있는지를 분별할 필요가 있다.

거듭난 성도들이 자기가 영을 소유하고 있다는 사실조차도 의식하지 못하는 경우가 많다. 이들은 영을 가지고 있지만 이런 영적인 감각을 혼적으로 이해하는 경향을 갖고 있다. 인식치 못하는 오류로 신령한 삶을 살아가는 것이 아니라 혼적으로 잘못 인식하여 살아가고 있을 때가 있다.

우리가 의지하고 생활해 나갈 것은 영의 생명이다. 이 생명의 유지를 위하여서는 영적 감각이 어떤 것인지를 알아야 하겠다.

혼은 외부의 영향을 받지만 영은 내부의 영향력에 의하여 혼으로부터 자유로워진다. 우리가 혼동을 일으키는 것은 혼적 감각과 영적 직관이 비슷하기 때문일 것이다.

혼적인 것은 대개 일정한 방향으로 기울어지게 되어 있다. 즉 감정이나 이성적으로 기울어진다.

그러나 영적인 것은 영의 직관을 따르는 것이다. 자신의 어떤 감정이나 이성적인 것이 배제된 가운데 오직 성령님의 지시에 따라 움직이는 것이라 할 수 있다.

모든 영적인 지식과 영적인 교통과 양심은 이 직관을 통하여 들어오게 되어 있다. 우리 자신이 영적인 것을 스스로 헤아려 보겠다는 생각은 버리고 오직 성령의 지시에 따르고자 하는 마음을 직관적으로 포착하여야 한다.

영성교육에 참여한 많은 이들이 은사를 사모하여 진지하게 성령께 은사를 구한다. 그러나 그것은 일시적인 기쁨에 지나지 않는다. 왜냐하면 그 뒤에는 나라는 사람이 숨어있기 때문이다.

어떤 외적인 감정, 이성적인 것이 발동하여서 몸이 뜨거워지고, 일시적인 감동에 의한 은혜로 성령충만함을 느끼는 것은 지나가는 바람과 같은 일시적인 현상에 불과하다.

감정을 수단으로 하나님을 추구하는 것은 사람에게 곧 실망을 안겨줄 뿐이다. 왜냐하면 곧 그것은 자신의 혼의 생명을 자극시키는 일시적인 것이기 때문이다. 우리가 진정으로 추구해야 하는 것은 감정적으로 하나님의 임재를 어떻게 느끼느냐 하는 문제가 아니라 어떻게 성령님의 지시와 계시를 따라 사느냐 하는 중요한 문제이다.

영성적인 생활을 하지 않고 자기가 타고난 생명에 의한 삶을 살면서 성령 세례를 받고 영적인 삶을 산다고 자부하는 사람들을 종종 만나게 되는데 이들은 아직도 영적 세계를 분별할 수 있는 직관이 결여되어 있는 것이다.

하나님 앞에 가치있는 것은 감정이 아니라 영적으로 이루어지는 교통함이다. 성경에 기록된 영의 기능을 살펴보면 영적인 것도 감정처럼 격정적일 수도 있고, 이성처럼 냉철해질 수도 있다는 것을 알 수 있다.

그러나 외부적인 영향을 받지 않으므로 내적인 동요가 일어나는 것이 아니라 성령의 역사에 따라 오는 느낌의 차이라고 할 수 있다. 성령의 역사를 논리적으로 생각해 보려거나 노력하는 사람들은 잘못된 망각에 빠져 있다고 보아야 할 것이다.

① 사탄의 공격

사탄은 하나님과 영적 단절을 시키기 위해 일단 성도의 생활을 혼적인 것에 가두어 놓고 영을 차츰 소멸시켜 나가는 방법을 쓴다.

사탄은 하나님의 자녀들에게 이상한 육적인 감각 및 쾌락을 제공하고 여러 가지 산만한 생각으로 혼란을 가중시켜 나간다. 이럴 때 우리는 무엇이 영에 속하고 무엇이 혼에서 나오는 것인지를 구별할 수가 없을 뿐 아니라 분별력을 잃어버리고 혼란에 빠질 수가 있다.

사탄은 믿는 자들이 승리하게 되는 비결이 자신의 영적인 감각을 잃고 깨우치는 것에 있다는 것을 알고 이것을 방해하기 위하여 자기의 온힘을 다 동원한다. 이런 영적 전투에서 그리스도인들은 자기 감정이나 갑작스러운 생각에 따라 행동해서는 안되겠다.

우리가 이미 기도를 드렸기 때문에 자신의 생각이 틀릴 리가 없다고 생각지도 말라. 기도중에 떠오르는 생각이 모두 하나님께로 오는 것이라고 믿는 것도 다소 무리된 생각이다. 하나님은 우리의 이성을 통하여 분별을 주시는 것이 아니라 영을 통해 알리시고 분별을 주신다는 것을 알아야겠다.

그러나 사탄은 영을 따르는 대신 혼적인 이성과 체험을 통한 육신적인 것을 따라 생활하도록 한다. 더 고차적인 방법으로 생각이나 느낌을 통하여 겉사람을 따라 살도록 유인한 다음, 영으로 가장하고 영적인 감정의 혼란을 주기 위하여 거짓된 감정을 일으킨다.

영적인 감각이 둔화되면 이런 악한 영의 침투를 모를 뿐 아니라 혼란이 가중되어 결국 혼을 빼앗기고 포로가 된 상태에서 악한 영이 지배하는 불행이 주어진다.

사탄은 그리스도인들이 자신의 상태에 무감각할 때에 더욱더 무자비한 공격을 하게 된다. 이때 분별력을 상실하여 어떤 것이 진리인지를 몰라 악한 영과 거짓의 영에게 사로잡히는 위험요소가 주어진다.

"범사에 헤아려 좋은 것을 취하고 악은 모든 모양이라도 버리라"(살전 5:21-22).

② 사탄의 참소

사탄이 영적 사람을 공격하는 또 하나의 방법이 있다. 그것은 갖가지 참소로 우리의 양심을 속이고 거짓되게 표현하는 것이다.

우리의 양심을 깨끗하게 보존하기 위하여 우리는 양심의 책망을 받아들이고, 책망하는 것은 무엇이나 그대로 처리하고 싶어한다. 사탄은 우리가 양심을 죄책감없이 깨끗하게 보전하고 싶어하는 욕망을 이용하여 우리에게 여러 가지 책망의 화살을 던진다.

우리는 이러한 책망이 자신의 양심에서 오는 것으로 착각하여서 거짓된 책망대로 문제를 해결하려고 애쓰다가 결국 마음에 평안을 잃고 자신감 상실과 심한 죄책감으로 시달리는 것을 알 수 있다.

사탄은 하나님 앞에서뿐만 아니라 우리 자신에게도 참소한다는 것을 인식하여야 한다. 사탄은 우리가 잘못했기 때문에 반드시 대가를 치러야 한다고 생각하게 함으로써 우리를 혼동시키고 있다.

죄를 지었다면 이것을 잘 분별하여서 주의 보혈로 씻음을 받고 깨끗하게 하심을 구해야 할 것이다(요일 1:9). 그런데도 책망의 소리가 자꾸 들려온다면 그것은 악령의 소리이다. 그리스도께서 속량하신 대속의 은총을 믿고 사탄의 참소를 물리쳐야 할 것이다.

③ 또다른 위험들

영을 따라 행하는 길에는 사탄의 위장술과 공격 외에 또다른 위험이 놓여 있다. 사탄은 종종 우리의 혼의 일부분을 위조하거나 자극하여, 우리로 하여금 어떤 조치를 취하게 만든다.

모든 감각이 영에서 유출되는 것이 아니라는 사실을 잊어서는 안된다. 몸과 혼과 영은 모두 각각 자신의 감각을 소유하고 있기 때문이다.

혼적인 감각이나 육적인 감각 자체를 영의 직관으로 해석하지 않는 것이 참으로 중요하다.

우리는 날마다 경험을 통하여 무엇이 순수한 직관이며 무엇이 아닌지를 배워야 한다. 그러기 위해서는 기도와 말씀과 성경 중심에서 성령의 감동을 받아 성령 안에서 행하고 있는지를 면밀히 점검하는 배려가 있어야겠다.

3. 영성회복 부활 4단계

— 영성 회복을 통해 부활된 믿음의 승리 —

우리는 영성회복을 위한 희망의 근거를 마련하고 단계적인 신앙 성장과 아울러 건강한 삶을 위한 구체적인 방법을 알 필요가 있다. 아마도 최종적인 인간 희망의 근거는 건강한 신앙적인 삶의 부활일 것이다.

모든 종교는 두 가지의 중요한 사실을 공통으로 전하고 있다. 첫째는 세상의 도덕성과 윤리적인 규범이요 둘째는 내세에 대한 신앙일 것이다.

이 두 가지를 놓고 볼 때 기독교만큼 내세에 대한 구원의 확신을 주는 종교는 없다.

우리 기독교는 부활의 종교이다. 다시 살아난다고 하는 자체가 복음이며, 기쁜 소식이 아닐 수 없다. 그래서 부활은 생명과 건강의 승리를 증거하는 것이다.

하나님의 창조계획은 이 세상 사람들을 죽게 하기 위한 것이 아니다. 죄많은 인간들이지만 그래도 자기 형상대로 만든 인간들을 구원하시기 위하여 예수 그리스도를 이땅에 보내주셨다. 그래서 부활의 승리를 하게 하심으로 우리에게 위대한 승리를 약속하셨다. 우리의 부활은 우리에게 죽음 저편의 삶을 영위토록 은총을 허락하신 것이다.

우리의 모든 불안과 두려움의 근원은 삶의 무의미성, 다시말해 가치성의 상실에 의한 것이다. 그러나 우리는 그리스도의 부활을 통하여 이것을 극복하고 초월할 수 있는 것이다. 모든 인생의 문제도 동일할 것이다.

예수의 부활은 우리의 삶에 보다 더 풍성하고 값진 의미를 부여하며 생명의 위대한 승리를 증거해준다. 이 사실을 알게 될 때 우리는 더욱더 장성한 믿음으로 성장할 수 있다.

또한 부활은 진리의 승리를 증거한다. 주님은 곧 진리이다. 하나님은 진리의 하나님이시다. 천국도 진리의 나라라고 성경은 말한다.

만일 진리되시는 주님이 십자가에서 죽으심으로 끝이 나버리면 이 땅 위에 진리는 존재할 수 없었을 것이다. 그러나 주님은 사흘 만에 부활하셔서 진리가 최후의 승리를 하게 된다는 것을 보여주신 것이다.

진실하게 살려는 사람이 실망하고 낙심하기 쉬운 이 세상이지만 부활의 주님, 진리의 예수 그리스도를 바라보고 사는 사람은 좌절하지 않는다.

온갖 거짓과 비진리가 예수님을 다시 십자가에 매달고 있으나 주님은 비진리와 불의 앞에 죽지 않으신다. 오히려 예수님은 진리의 승리를 우리에게 증거하고 계신다.

또한 부활은 사랑과 의로움의 승리를 증거한다. 하나님은 사랑이시다. 예수님은 이 세상을 죽기까지 사랑하셨다. 우리를 사랑하시되 끝까지 사랑하셨다. 가난한 자, 병든 자, 연약한 자, 실패한 자, 불쌍한 이들을 사랑하시던 예수님은 우리를 끝까지 사랑하셔서 미움과 시기와 증오 가운데서 죽을 것만 같았던 사랑이 다시 사는 놀라운 부활의 진리를 보여주셨다. 이것이 우리에게는 희망의 근원이 된 것이다.

부활은 사랑과 의로움의 최후 승리를 잘 나타내고 있다. 우리가 어두움의 절망 속에서도 낙심치 아니하고 확신에 찬 삶을 살아갈 수 있는 것은 부활의 역사가 있기 때문이다.

이런 영적 체험 가운데 부활의 믿음이 정립되어 중심이 되면 모든 죄와 저주와 허물들이 일제히 구속의 역사 가운데 새생명으로 부활하는 건강한 신앙적 삶의 기쁨을 누릴 것이다.

> 강물같이 흐르는 기쁨 성령 강림함이라
> 정결한 맘 영원하도록 주의 거처 되겠네
> 주님 주시는 참된 평화가 내 맘 속에 넘치네
> 주의 말씀에 거센 풍랑도 잠잠하게 되도다
>
> (찬송가 169장)

(1) 희망단계
― 희망사항의 목표가 분명해야 한다(믿음의 훈련) ―

① 기도중 분명한 목표를 정해야 한다.

기도 가운데 목표를 정한다는 것은 곧 나의 수단과 방법이 아니라 하나님의 인도 아래 목표를 정한다는 것이다.

하나님의 인도하심은 곧 축복이요 은혜의 손길이 미치므로 어떤 목표라도 이루어나갈 수 있는 자신과 힘이 생길 것이다.

"내게 능력 주시는 자 안에서 내가 모든 것을 할 수 있느니라"(빌

4:13).

희망하는 것을 위해서는 분명한 목표가 있어야 한다. 목표가 없으면 육체적, 정신적인 능력과 열심이 개발되지 않을 뿐 아니라 희망하는 목적이 변질될 수 있을 것이다.

무엇을 희망하며, 어떻게 이룰 것인지 그것을 매일 매일 마음에 새겨야 한다.

② 목표가 완성될 기한이 세워져야 할 것이다.

하나님의 뜻과 때가 일치되면 목표가 완성될 기한이 정해지고 기쁨으로 어떤 어려움이 따르더라도 그 기한 내에 목표를 완성할 수 있는 자신과 용기가 주어진다.

"천하에 범사가 기한이 있고 모든 목적이 이룰 때가 있나니"(전 3:1).

하나님의 때가 이르면 그 기한 내에 축복과 은혜의 문이 열리게 되므로 더욱 더 기한 내에 최선의 노력으로 열매를 맺을 수가 있다.

그러나 그 기한이 지나면 우리가 애쓰고 힘쓴다고 될 일이 아니므로 그 기한을 잘 잡아서 목적하는 바를 이루어 나가야 할 것이다.

③ 목표를 달성할 계획을 세워야 한다.

계획을 잘 세워서 일을 진행하여도 현실적으로 그 계획대로 이루어지기가 힘들 때가 많다. 확실한 성취 동기를 가지고, 작은 일부터 성실히 이루어나가는 올바른 마음이 전제된 계획만이 목표를 달성시켜 나갈 것이다.

모든 계획은 나의 수단과 방법이 아니라 성령님의 지시와 인도 가운데 순종해야 성공의 지름길로 가는 것이다. 그러므로 기도 가운데 많은 생각과 확실한 믿음의 확신이 생길 때까지 목표를 달성하는 적극적이고 열의적인 계획을 세워야 할 것이다.

④ 모든 일에 믿음과 확신을 가져야 한다.

믿음이란 하나님께 맡기는 작업이다(히 11:1-6). 성경에 "믿음이 없이는 기쁘시게 못하나니 하나님께 나아가는 자는 반드시 그가 계신 것과 또한 그가 자기를 찾는 자들에게 상주시는 이심을 믿어야 할지니라"라고 말씀하셨다. 믿음없는 인간적인 수단과 방법은 실패작이라 할 수가 있다.

믿음으로 이루어나가는 사람은 하나님의 전지 전능의 손길을 체험할 수 있을 뿐 아니라 모든 꿈과 희망을 이루어나갈 수 있는 기본적인 자세가 된 것이다. 믿음의 법칙은 놀라운 하나님의 은혜로 기적을 체험할 수가 있다.

달리기를 잘하려면 튼튼한 두 다리와 심폐기능이 강해야 하듯이 굳건한 믿음은 하나님의 사랑에 대한 신념과 결단에 대한 신념이 있어야 한다.

하나님은 죄의 결과만 따져서 진노하시는 하나님이 아니다. 사랑으로 믿는 자녀들에게 상을 주시는 이심을 믿어야겠다.

모든 세상의 이치는 그 원인의 결과를 따른 법칙이지만 하나님의 구원의 계획은 이것이 아님을 알아야겠다. 우리들이 죄를 지었음에도 용서하시고, 허물이 있음에도 여전히 우리를 사랑하신다. 하나님의 사랑은 너무나 큰 은혜가 아니고 무엇이겠는가?

이런 은혜로 말미암아 우리는 모든 삶을 영위하고 있다. 또 그분의 은혜로 우리는 살아가고 있다고 하여도 과언이 아닐 것이다.

하나님의 깊으신 은총으로 살아가는 우리는 어떻게 해야 할까?

첫째, 하나님께 온전히 맡긴 후 안심하여야 할 것이다. 하나님께 온전히 맡기는 것도 믿음이요, 안심하는 것도 믿음 없이는 불가능하다. 믿음이 가슴에 들어차면 하늘의 평안이 들어온다. 이 믿음이 들어오면 그때부터 성령의 역사가 일어날 뿐 아니라 어떤 환경이나 악조건 속에서도 감사하며, 찬양하는 기적의 믿음이 생기게 되고, 믿는 그 만큼의 은혜가 주어지게 된다.

그러므로 맡기는 영적 작업은 바로 기도이다. 죽고 사는 것도, 흥하고 망하는 것도, 모든 생사화복을 주께 맡길 때 그분의 전능하신 능력의 손길을 체험할 수 있을 것이다.

둘째, 믿음의 꿈을 가지고 바라보아야겠다. 다가올 미래를 현재 마음 속에 소망으로 간직하여야겠다. 없는 것을 있는 것처럼(롬 4:17), 기도하고 구한 것은 받은 것처럼(막 11:24) 기대하라.

성경에는 모든 것을 먼저 믿음으로 이룬 뒤 현실적으로 이루어주시는 예를 볼 수 있다. 그러므로 소망하는 것이 이루어질 때마다 계속 확인하여 감사드리면 감사의 씨앗이 심어져서 놀라운 은총 가운데 축복받는 영적 비결이 숨겨져 있음을 알 수가 있다.

셋째, 믿음의 정반대 현상이 일어나더라도 절대로 의심치 말아야 하겠다. 외적으로 시험과 연단이 오더라도 믿음으로 이겨야 한다(시 66:10-12, 약 1:2-4). 내적으로 불안과 낙심이 생길 때 회당장 야이로, 수로보니게 여인처럼 믿어야 한다.

넷째, 입술로 성공을 시인하는 믿음의 확신을 가져야 하겠다. 확신이 없고 늘 마음에 의심이 가득찬 상태에서는 믿음이 활동할 수도 없을 뿐 아니라 매사에 자신감이 사라진다. 그러므로 주어진 목표와 시기와 달성할 계획 및 희망사항을 계속 입술로 시인하며 성공의 확신을 스스로 확인시키는 믿음이 생길 때 창조적인 원동력이 될 수 있다.

"이 산더러 명하여 저 바다로 던질지라도 그 말하는 것이 이룰 줄 믿고 마음에 의심치 아니하면 그대로 되리라"(막 11:23).

성공 그 자체는 그 사람의 생각과 말에서 나오는 믿음의 확신이 뒷받침 해주어야 가능하다 뿐만 아니라, 어떤 환경에서든 모든 것을 초월할 수 있는 자신감이 승리로 이끌어 줄 것이다.

⑤ 최선을 다하고 최대한으로 전력투구하래(갈 6:7-10).

많은 사람들이 우연이라는 것이 있어서 심지 않은 곳에서 거두고 노력하지도 않은 데서 좋은 수확을 기대하는 일이 있다.

농부가 밭을 갈고, 씨를 뿌리고, 거름을 주고, 병충해를 잡아주는 등 최선의 노력을 한 후 그 다음 하늘의 뜻에 맡기고 풍성한 추수를 기대하듯이 모든 삶에 있어서 최선을 다하는 삶이 아름다운 삶이다.

옛말에 "콩 심은 데 콩 나고, 팥 심은 데 팥 난다."는 말이 있다. 우리가 무엇을 심느냐에 따라 무엇을 거두느냐가 결정될 것이다.

사람이 무엇으로 심든지 그대로 거두리라고 하였다. "모든 씨는 그 종류대로 열매를 맺는다"는 말씀이 있다. 죄를 심고 의로운 일을 기대할 수 있는가? 부정적인 것을 심고 긍정적인 것을 거둘 수 있는가? 저주를 심고 축복을 거둘 수 있겠는가?

기쁨을 위하여서는 기쁜 일을 심어야 하고 감사를 위하여서는 감사를 심어야 하겠다.

성경에 씨뿌리는 비유처럼 옥토에 씨를 뿌리고 최선의 노력을 하여야만 목적하는 바를 이룰 것이다(마 13:1-9). 옥토에 뿌린 씨의 열매는 30배, 60배, 100배의 결실을 맺을 수 있다.

무엇이든지 최대한으로 전력 투구하는 마음의 자세없이는 승리할

수 없을 것이다. 최선을 다하여 살아가는 은혜의 삶만큼 아름다운 삶
은 없을 것이다.

자신이 희망하는 삶을 이루기 위해서도 전심전력하는 마음으로 나
아가면 반드시 목적하는 소망의 풍성한 삶의 열매가 맺힐 것이다.

그러나 인간의 수단과 방법이 아니라 하나님의 축복과 은혜 가운데
목적을 이루어 나가는 삶만이 참된 건강과 행복의 길이 될 것이다.

（영성훈련법） — 목적과 계획

믿음으로 이루는 길

은혜로 이루는 최선의 방법

(2) 절망단계
— 절망은 곧 축복의 길목이다(극복훈련) —

어느 무더운 여름날 한 청년이 더위에 지쳐서 숨을 헐떡이다가 문
득 눈 앞에 커다란 냉동실을 발견하고 '저 냉동실에 들어가면 얼마나
시원할까?' 하는 생각에 냉동실에 들어가게 되었다.

그때 '철컥'하고 냉동실 문이 닫혀버린 것이다. 안에서는 도저히 냉
동실 문을 열 수가 없었다. 청년은 문을 두드리고 발악을 해보았으나
아무런 소용이 없었다. 그리고 무서운 절망감에 사로잡혀 유서를 썼
다.

"이젠 완전한 절망이다. 죽음의 그림자가 나를 죄어 오고 내 몸은
점점 얼음으로 굳어져 가고 있다. 조금 후면 나는 꽁꽁 얼어죽을 것
이다."

사람들은 이틀 후 냉동실에서 숨진 청년의 시체를 발견하게 되었
다. 그런데 그 냉동실은 놀랍게도 작동이 되지 않은 상태였고 실내
온도는 사람이 활동하기 가장 적합한 섭씨 15도였으며 산소량도 충
분한 상태였다. 그럼에도 불구하고 청년의 몸은 잔뜩 움츠린 채 싸늘
하게 식어 있었다.

사람을 죽음으로 몰고 가는 것은 절망이라는 이름의 독약이다. 절
망과 공포는 썩은 새끼줄을 뱀으로 착각하게도 만든다.

개인의 고통과 세상의 고통이 그치지 않고 계속되지만 고통과 절망
가운데서도 평안의 안식처를 찾는 사람들이 있다. 하반신이 불구이지
만 더 강한 삶의 의지와 환한 미소로 살아가는 사람이 있는가 하면
자살을 시도하는 억만장자와 최고의 배경을 가지고도 삶의 의미를 잃
어버리고 술과 마약에 젖어 사는 사람이 있다. 이들의 차이는 무엇인
가?

왜 한 사람은 극한 절망감의 고통 가운데서도 마음의 평안을 유지
하는 반면 다른 사람은 자기 연민의 눈물을 흘리며 극한 절망감에 빠
져 타락과 멸망의 늪에서 허우적거려야 하나? 필자는 삶의 위기의 낭
떠러지에 선 절망적인 문제의 그 해결책을 성경에서 제시하고자 한
다.

미국의 어느 작가는 "믿음의 자녀는 많은 염려가 있어도 그것은 슬
픔이 되지 않는다. 그들에게는 모든 무거운 짐을 맡길 곳이 있기 때
문이다."

고통과 심한 절망감에 놓여 있을 때 하나님을 원망하고 증오할 수
도 있고 그것을 삶에 당연한 것으로 여기고 받아들일 수 있는 긍정적
인 태도를 가질 수도 있다.

삶의 문제는 누구에게나 있기 마련이고 그 고통을 피할 수는 없지

만 잘 대처할 수는 있을 것이다.

절망의 단계는 그리스도인에게는 신앙의 극복 훈련이라고 할 수가 있다. 그래서 잘 극복하면 성공적인 삶이 보장되지만 그렇지 못할 경우에는 파멸의 낭떠러지에 떨어지고 만다.

우리에게 절망적인 문제는 모두가 삶의 기대가 무너질 때 생기는 것이므로 이럴 때 극복할 수 잇는 몇 가지 대안을 함께 연구해 보기로 하겠다.

절망은 삶의 고통과 고난에서 시작된다.

① 모든 삶의 문제를 정상적인 과정이라고 보아야 한다.

어느 누구든지 삶의 고통과 고난으로 절망에 처해보지 않은 사람은 아마 한 사람도 없을 것이다.

이 모든 것을 오히려 삶의 정상적 과정이라고 생각하고 기쁨으로 받아들이는 영적 훈련이 필요하다.

어떤 재벌 회장의 자서전에 "자신은 어려운 문제를 풀어나가는 재미로 성공하였다"는 덕담을 살펴 보더라도 이처럼 긍정적인 사고와 자세를 갖추면 절망이 희망으로 바뀌어질 것이다.

어쩌면 삶의 절망적인 많은 문제들이 새로운 삶을 창조하는 도전의 기회가 될 수도 있다. 이런 문제 앞에 좀더 지혜롭게 대처하면 삶의 방향 수정이 되고, 자아가 깨어지는 기회가 된다. 그러므로 이것은 인본주의가 신본적인 중심으로 탈바꿈하는 은혜의 문턱이라고 본다.

우리가 감사하는 마음, 기뻐하는 마음, 긍정적인 마음으로 삶의 절망 앞에 서면 우리를 파괴하고 침체시키는 모든 악한 영의 세력은 무너진다. 그리고 하나님의 사랑과 은혜의 손길이 우리를 더욱 더 발전적이고 성공적인 삶으로 전환시켜 주실 것이다.

② 모든 문제를 자기 탓으로 돌리고 절대 원한을 품지 않아야 한다.

사람이 절망감에 휩싸이면 자신의 처지와 주위 환경에 대하여 원한을 품게 된다. 그리고 그 원인을 타인에게 돌리고 신세타령이나 자기연민에 빠져 결국 우울증이나 심한 스트레스로 정신적인 장애를 일으키는 경우도 종종 볼 수 있다.

마음이 우울하고 영적 침체에 빠지면 하나님과의 교제도 끊기고 영적 단절로 인하여 기도가 되지 않는다. 뿐만 아니라 어둠의 세력이 침범하여 더욱 더 고통에 처하여 절망감에 빠지는 것을 체험할 수 있다.

원한은 쓴 뿌리와 같아서 자신을 먼저 파멸시킨다. 또 책임을 타인에게 전가하는 것은 원한의 시초가 되므로 스스로 자신의 잘못을 솔직히 시인하고 하나님께 회개해야 한다. 그 때 상한 마음이 치료되고 절망의 늪에서 벗어나는 지름길이 될 수가 있다.

상대를 이해하고, 동정하고, 용서하고, 사랑하는 것이 그리스도인의 기본적인 신앙의 자세요 또 축복을 받는 비결이라 할 수 있다.

③ 절망적이라도 소망과 꿈을 버리지 말아야 한다.

소망은 삶의 활력이요 꿈은 인생을 아름답게 만들어준다. 그리스도인들은 모든 삶의 문제와 고통을 예수님께서 대신 짊어지시고 우리의 죄와 허물까지도 사해주시는 대속의 은총 가운데 있음을 알아야 한다.

그러므로 우리가 할 일은 그 분을 의지하여 소망을 가지고 꿈을 버리지 않는 것이다. 그 꿈을 이루어 주시기 위하여 지금 이 시간에도 성령님은 역사하고 계시기 때문이다.

④ 나를 사랑하시는 하나님에 대한 절대적인 신념만이 절망감을 극복케 한다.

믿음이란 사랑에 대한 신뢰이다. 아무리 힘들고 고통스러운 절망감에 있다 하여도 목자되신 주님을 의지하면 된다.

"여호와는 나의 목자시니 내가 부족함이 없으리로다. 그가 나를 푸른 초장에 누이시며 쉴 만한 물가로 인도하시는도다. 내 영혼을 소생시키시고 자기 이름을 위하여 의의 길로 인도 하시는도다. 내가 사망의 음침한 골짜기로 다닐지라도 해를 두려워하지 않을 것은 주께서 나와 함께 하심이라. 주의 지팡이와 막대기가 나를 안위하시나이다. 주께서 내 원수의 목전에서 내게 상을 베푸시고, 기름으로 내 머리에 바르셨으니 내 잔이 넘치나이다. 나의 평생에 선하심과 인자하심이 정녕 나를 따르리니, 내가 여호와의 집에 영원히 거하리로다"(시 23:1-6).

말씀처럼 하나님의 사랑을 가슴 속에 간직하고 그것에 대한 믿음의 끈질긴 신념을 저버리지 않으면 하나님의 사랑이 놀라운 능력의 기적으로 일어나서 모든 절망의 문제들이 사라지고 승리하는 삶이 주어질 것이다.

절망적인 문제 앞에 우리는 영성훈련을 통하여 감사하는 마음, 긍정적인 마음, 하나님의 사랑에 대한 절대적인 신념을 가져야 한다. 모든 것을 극복케 할 것이다.

오늘 당신은 어떤 절망 가운데 있는가? 삶의 문제, 고통, 질병, 무엇이든 절망의 단계에서 영성회복을 하라. 그러면 강인한 인격성장은 물론이고 영적 성장과 아울러 모든 문제해결과 하나님의 은혜와 축복의 삶이 주어질 것이다.

(3) 항복단계
— 대적할 것인가, 항복할 것인가?(순종 훈련) —

가슴 가득 간직한 소망의 꿈이 박살나서 절망의 아픔에 처했더라도 절망단계를 잘 넘기면 오히려 전화위복이 될 수 있음을 앞장의 영성 극복훈련을 통하여 배웠다.

절망단계가 아픔을 극복하는 단계라면 항복단계는 하나님의 뜻에 순종하여 축복을 받는 단계라고 할 수가 있다.

인간은 하나님의 창조물로서 그 분의 인격을 닮은 피조물이다. 그러므로 인간은 하나님처럼 자유의지를 가지고 있으므로 모든 결정은 인간 스스로 할 수 있도록 창조되었다.

죽고 사는 것도, 망하고 흥하는 것도, 성하고 쇠하는 것 등 모든 것이 자신의 결정에 따라 승패가 이루어진다고 할 수 있다.

불신자는 자신의 자유 의지대로 자신을 의지하여 살아가지만, 그리스도인은 이런 사실을 깨닫고 창조주이신 하나님의 뜻에 의하여 순종하며 살아간다. 이것이 올바른 신앙생활이라 할 수 있다.

피조물인 우리가 우리 스스로 창조주의 입장에서 모든 삶을 살아가려고 할 때 이미 불행은 시작이며, 머지않아 자신의 한계상황에 이르고 말 것이다. 그러나 전지전능하시고 무소부재하신 하나님의 뜻에 순종하는 사람은 하나님의 놀라운 은총 가운데 축복의 손길을 체험할 수 있다.

그러므로 주신 자유의지이지만 그 자유의지의 결단을 하나님께 맡기고 결정을 한다면 결국 실패는 없을 것이다.

① 자유의지에 의한 결단력은 자신의 이론을 내세우는 순종이 아니다.

자기의지를 하나님께 굴복시켜 순종하는 관계가 피조물이 창조주에게 취할 행동이라 할 수 있다.

"모든 이론을 파하며 하나님 아는 것을 대적하여 높아진 것을 다 파하고 모든 생각을 사로잡아 그리스도에게 복종하게 하니"(고후 10:5).

창조주와 피조물의 관계는 결국 왈가왈부하는 관계가 아니다. 그러므로 이는 마치 토기장이와 진흙의 관계라고 할 수 있다. 토기장이는 자기 마음대로 할 절대적인 권세가 있고 진흙은 오직 순종과 복종의 위치에 있을 뿐이다.

인간의 어떤 이론이나 생각이 하나님의 권세 앞에 있을 수 없다. 하나님의 명령 앞에 이론이나 자신의 생각이 많은 사람은 아직 하나님의 영광을 체험치 못한 사람일 것이다.

에덴 동산에서 아담과 하와에게 "선악을 아는 실과를 먹지 말라"고 하셨을 때, 하나님은 이 명령에 어떤 이유나 해설을 더하지 않으시고 명령으로서 끝내셨다. 그 이유는 하나님은 이유 불문의 권위자이시며 창조주이시기 때문이다.

그러나 스스로 선택할 수 있는 자유의지에 맡겼으므로 하나님은 강압에 의한 순종을 바라지 않는다. 강압에 의한 항복은 억지 순종이므로 선택의 자유의지를 주신 하나님의 뜻이 아닌 것이다.

사탄은 이런 점을 이용하여 하와를 찾아와서 하나님의 명령에 대한 해설과 이론을 붙여서 미혹했다.

사탄은 항상 의지가 약한 우리들의 틈을 찾으므로 항상 깨어 있고, 시험에 들지 않게끔 항상 하나님과 교통할 수 있도록 기도해야 한다(마 26:41).

사탄의 미혹에 넘어간 아담과 하와는 결국 선악과를 따먹고 선악에 대한 인간의 이론을 갖게 되었다. 그리고 결국 하나님께 불순종으로 대적함으로 에덴동산에서 쫓겨나고, 하나님께 버림받고, 저주받은 인간으로 낙인찍히는 것을 성경을 통하여 알 수 있다(창 3:1-24).

그러므로 우리의 생각에 의한 이론은 하나님께 대한 거역이다(삼상 15장). 매일 매일 시간마다 올바른 결단을 내려 신본적인 중심의 선택을 하라. 이것이 하나님의 뜻에 의한 선택의 자유가 아닐까 한다. 아브라함의 순종과 광야에서 빌립의 이론과 안드레의 순종이 그러했다.

선택의 자유는 우리에게 달려 있다. 그러므로 지혜있는 결단으로 승리하기 위해서는 말씀과 성령의 인도하심과 기도로써 올바른 판단을 내려야 한다.

② 순종은 우선적으로 나의 생각을 버려야 할 수 있다.

자유의지를 허락하셨듯이 모든 이론은 자신의 생각에서 나오는 것이다. 인간은 하나님을 닮은 생각의 능력을 하나님이 주셨으므로 만물의 영장이라 할 수 있다.

그러나 잘못된 생각을 심어주는 마귀는 우리들에게 잘못된 선택을 하게 하고 인간의 생각 속에 심어진 절망적인 부패성과 부정적인 것을 통하여 문제와 고통과 질병을 일으킨다. 이러한 사실을 볼 때 우리의 생각에 의한 마음의 중요성을 다시 한번 더 느끼지 않을 수가 없다(잠 4:23).

생각 자체는 그 사람에 관한 예견의 내용이라 할 수가 있다(엡 3:20). 그러므로 병든 생각을 지닌 사람은 병든 인간일 수밖에 없으며, 가난한 생각에 젖어 있으면 가난을 면치 못하는 인간인 것이다. 그리고 패배적이면 패배적인 인간, 악한 생각을 지닌 인간이라면 악한 인간이 될 수밖에 없다.

그러므로 자신의 생각과 마음을 다스릴 수 있는 비결은 내가 아니라 하나님의 뜻에 따른 생각으로 순종할 때이다. 이것을 통해 승리하는 삶을 살아갈 수가 있는 것이다.

③ 순종은 의식 변화를 통하여 가능하다.

인간의 인격과 행동은 그 사람의 의식에서 나오는 것이다. 사람이 죄의식에 사로잡히면 그 인격과 행동에는 불안과 자학 내지 사람을 피하려는 행동이 나오게 된다. 그리고 그것이 심해지면 자포자기를 하고 열등의식, 가난의식, 패배의식 등 수많은 부정적인 의식이 자리 잡게 된다. 그러면 부정적인 인격을 만들고 부정적인 행동과 아울러 인생을 실패와 패배와 슬픔으로 가득차게 만들어 놓는다. 우리의 삶이 진실로 변화되기 위하여서는 근원적으로 의식의 변화가 와야만 한다.

의식의 변화없이는 하나님의 뜻에 순종하는 자녀가 될 수 없다. 그러면 어떤 의식으로 변화를 받아야 하나? 그것은 천국 의식이다. 십자가 대속의 은혜로 가능하다. 그리스도 보혈의 능력으로 가능하다. "내가 그리스도와 함께 못 박혔나니"(갈 2:20).

"산자로 여길지어다"(롬 6:11).

우리는 죄에 대하여 죽었다고 여겨야 할 것이다. 미움도 죽었다고 여겨야 할 것이며 공포와 두려움도 절망과 좌절도 모두 죽었다고 여겨야 한다. 또한 욕심도 다 죽이고 버렸다고 여겨야 한다.

"그러므로 이제 내 안에 그리스도께서 사신 것이라"(고후 5:17).

예수님은 나의 지혜가 되시고 나의 의가 되시며 나의 거룩이 되신다. 예수님은 나의 구속이 되시며 죄와 무능력과 질병과 저주와 사망과 음부에서 구속시켜 주었다. 십자가 대속의 은총을 베푸셨다.

이런 사실을 십자가의 은혜 안에서 깨달아서 의식변화를 시켜나갈 때 하나님께 자신의 의지를 항복시키고 절대적인 순종을 할 수가 있을 것이다.

하나님께 항복하여 순종하는 자녀가 되어서 성령님의 인도대로 하나님의 법칙 세 가지를 따르도록 하자. 그러면 축복과 은혜 안에 거하리라 믿는다.

첫째, 믿는 대로 이루어진다(마 8:13).

믿음이란 하나님의 기적적인 역사를 전제 조건으로 한다. 믿음은 바라는 것들의 실상이요 보지 못하는 것들의 증거라고 했다(히 11:1). 믿음으로 구하고 조금도 의심치 않으면 그대로 이루어진다(약 1:6).

"네 믿음이 크도다 네 소원대로 되리라"(마 15:28).

믿음이 형성되는 순서를 알아보자. 먼저 의심이 사라지고, 평안과 확신으로 성령충만하여, 내가 애쓰고 힘쓰는 마음이 사라지고, 이미 받은 것으로 깨달아지며 마음이 편안해진다

둘째, 행한 대로 갚으리라는 하나님의 권면을 상고해야 한다(롬 2:6).

선을 행하는 자에게 영생을 주신다(롬 2:7). 그러나 당을 지어 불의를 좇는 자는 노와 분으로 갚으신다(롬 2:8). 주를 부인하면 주님도 우리를 부인하신다(마 10:33). 예수님은 아버지 영광으로 오실 그때에 행한대로 갚으실 것이다(마 16:27).

셋째, 심는 대로 거둔다(갈 6:7).

우연이란 없다. 심지 않은 곳에서 거두고 노력하지 않은 곳에서 좋은 일이 일어나리라는 생각은 망상이다. 많이 심는 자가 많이 거두고 적게 심는 자는 적게 거둔다(고후 9:6). 대접을 받고자 하는 대로 대접을 하라고 하셨다(마 7:12). 각기 종류대로 맺는다(창 1:11). 우리는 씨뿌리는 자가 되어야 한다(마 13:1-9).

하나님의 법칙은 인간의 판단과 이해를 넘는 것이다. 자신의 의지를 순복시키고 새로운 의식변화 가운데 성령의 인도로 믿음 가운데 나아가면 그대로 범사가 이루어질 것이다. 행한 대로 갚아주시고 심는 대로 거두는 놀라운 은혜와 축복이 임할 것이다.

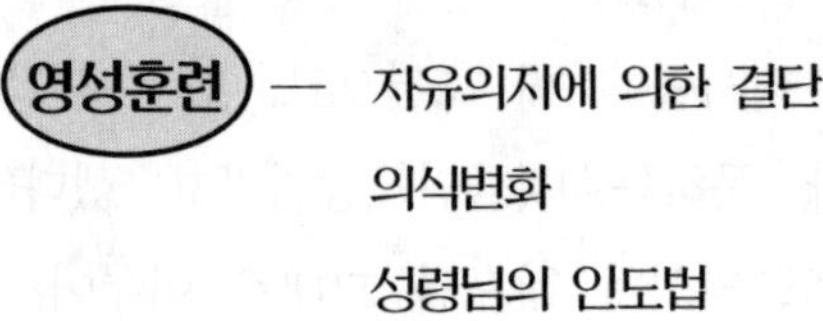

— 자유의지에 의한 결단
   의식변화
   성령님의 인도법

(4) 부활단계
— 모든 삶의 부활은 하나님의 축복이다(은혜 단계) —

① 내가 깨어진 곳에 역사하시는 하나님

부활이란 죽었다가 다시 살아나는 것을 가리키며 쇠하였다가 다시 일어나는 것을 뜻한다. 우리 기독교는 부활의 종교이며, 기적의 종교라고 할 수 있다.

그리스도의 부활의 결과로 죄와 저주는 물러가고 낙심과 절망에 쇠하여진 인간에게 새 삶의 열매를 맺게 해주시는 주님의 은혜야말로 생명의 원천이 아니고 무엇이겠는가?

우리의 삶과 가정, 직장과 사업체 뿐만 아니라 부활의 열매를 맺은 자의 발걸음이 미치는 곳이라면 어디든지 쇠한 기운은 물러간다. 그리고 성한 기운을 불어넣어주시는 성령님의 지도와 인도의 영적 능력을 체험할 수 있을 것이다.

영적 부활의 열매는 무엇일까? 그것은 죄사함과 구원의 확신이다.

우선 죄책감, 자책감을 극복함으로써 주님의 대속의 은총에 깊이 들어가게 된다. 그래서 죄사함을 확신하게 된다(롬 3:23).

부활하신 그리스도는 지금 우리 속에 계시므로 성령의 강한 인도를 체험할 수 있다. 그래서 구원의 확신을 갖게 된다(고전 15:45).

혼적 부활의 열매는 믿음, 소망, 사랑의 열매가 맺히는 것이다. 믿음 안에 힘찬 소망과 사랑의 삶이 있을 때 기쁨으로 어떤 역경도 이겨낼 수 있지만, 사랑과 소망이 사라지면 인간의 내적인 삶이 파괴되고 정신적 여유를 잃게 되어서 패배적인 삶을 살아갈 수밖에 없다.

육적 부활의 열매도 있다(고전 15:42-44, 롬 8:11). 모든 육의 삶이 재정립될 뿐 아니라 삶의 형통이 이루어진다. 나의 자아가 깨어진 곳에 이런 영과 혼과 육의 부활의 열매가 맺힐 것이다.

② 오직 하나님의 영광과 믿음의 기적들

부활은 하나님의 영광을 증명하며 하나님의 임재하심을 드러내는 일이라 할 수 있다. 그러므로 하나님의 영광을 위하여 사는 자는 믿음의 기적을 체험할 뿐 아니라 삶의 위대한 부활의 기적을 이루어낼 수가 있다(마 6:31-33).

삶의 가장 귀중한 것을 먼저 알아야겠다. 다시말해서 실존의 가치관을 가져야 한다.

목숨이냐, 음식이냐, 몸이냐, 의복이냐 하는 물질만능주의 사상에서 가치기준을 올바르게 세우지 않으면 연속적인 실패가 따르게 된다.

인간의 생명은 귀중하다. 하나님의 형상을 닮은 창조물이기 때문이다.

하나님은 비천한 생명이라도 창조하신 이상 생명보존을 위하여 필요한 물질을 세우신다. 공중의 나는 새와 들의 백합화도 돌보신다. 예수님은 "먼저 그의 나라와 그의 의를 구하라."고 하셨다. 그의 나라는 삶의 목적이며 하늘나라를 이루어나가는 삶이다.

그의 의는 생활윤리요 그리스도를 본받는 삶이며 계명을 지키는 삶이다.

하나님의 나라가 생의 목표가 될 때 의와 평강과 희락이 있는 심령천국이 이루어진다(롬 14:17).

"하나님 나라는 너희 안에 있느니라"고 하셨다(눅 10:9, 11:20). 주께서 임재하시고 그의 능력이 나타나는 곳이 바로 천국이다.

"이 모든 것을 너희에게 더하시리라" 하셨는데 이 모든 것은 우리의 의, 식, 주이다. 하나님은 인간의 의식주 문제를 결코 등한히 하시지 않는 분이시다. 주의 기도에서도 일용할 양식을 언급하셨다.

"더하시리라"는 것은 곧 믿음으로 근본적인 문제가 해결되면 그 외의 것은 합산의 법칙으로 자동적으로 따라옴을 말하는 것이다.

하나님의 영광을 위하여 사는 삶은 하나님을 기쁘시게 하는 삶이다. 하나님을 사랑하는 사람은 반드시 하나님께 기쁨을 드리기 위한 삶이 될 것이다.

우리 삶의 가장 귀중한 것과 덜 귀중한 것, 먼저 구할 것과 나중에 구할 것이 있을 것이다. 이것이 혼돈될 때 축복은 사라지고 은혜는 멀어져갈 것이다.

목숨과 몸을 구하는 일은 가장 귀중한 일이다. 그러기 위해서는 먼저 하나님의 영광을 위한 삶을 살아야 한다. 그 때 모든 문제는 자동적으로 해결되고 형통해질 것이다.

기독교는 기적의 종교다. 우리는 예수님의 탄생부터 믿음의 기적으로 믿고 있다(동정녀 마리아). 부활 자체가 믿음의 기적이다. 기적이 일어나지 않는 믿음 자체는 죽은 믿음이라 할 수 있을 것이다. 예수를 믿는 하나님의 자녀는 항상 기적이 일어날 것을 믿어야 할 것이다.

하나님을 의지하고 하나님께 영광드리는 자녀에게 주어지는 믿음의 기적은 우선적으로 믿음에서 출발된다는 사실을 알고 있다(히 11:1). 그러므로 만물의 근원이 하나님이심을 믿어야 할 것이다(창조주).

먼저 믿음의 씨앗을 심자. 그러면 기적이 일어난다(갈 6:7-8).

오병이어의 믿음의 씨앗을 심는 어린아이를 생각해 보라. 아무 것도 아닌 것이지만 주님께 맡기고 심을 때 놀라운 기적이 일어났다.

그러므로 기적은 기대하는 자의 것이다. 약한 믿음은 기적을 기대치 않는다. 적은 믿음은 기대하나 의심한다. 강한 믿음은 당연한 것으로 기대한다.

믿음의 기적은 권세있는 믿음의 사람으로 만든다. 죄를 제어하는 권세(창 4:7), 귀신을 제어하는 권세(눅 10:17), 질병을 제어하는 권세(행 10:38), 저주를 제어하는 권세(갈 3:13), 사망을 제어하는 권세(고전 15:55-57)를 가지게 된다.

권세 있는 믿음의 소유자가 되기 위해서는 갖추어야 할 자격이 있다. 그것은 중생(요 1:12), 믿음(히 11:6), 순종(히 3:18), 거룩(히 12:4), 담대함이다(수 1:9). 이것은 하나님께 영광돌리는 사람에게 주어진다. 우리는 마귀의 모든 능력을 제어하고 믿음의 기적으로(막 11:24) 능력있는 그리스도인으로 승리하는 삶을 살아야겠다.

③ 창조적이고 능력있는 삶의 성공과 부활은 어디서 오는가?

새로 거듭난 자의 특성은 겸손하고 온유하다는 것이다(벧전 5:5). 이전에는 자신의 수단과 방법에 의존하여 살았지만 현재는 모든 범사를 하나님께 맡기게 된다. 주의 뜻에 따라 살아가려는 겸손이 그 사람을 온유하게 인도하시는 성령님의 역사를 체험하게 될 것이다.

위대한 사도 바울도 이러한 경험을 통하여(빌 3:12-14) 스스로 신앙고백하기를 "내가 이미 얻었다 함도 아니요 온전히 이루었다 함도 아니라 오직 내가 그리스도 예수께 잡힌 바 된 그것을 잡으려고 좇아가노라"고 말하였다.

창조적이고 능력있는 일을 성취하기 위해서는 과거의 부정적 경험은 모두 잊어버리고 새롭게 출발해야 할 것이다(고후 5:17). 과거의 미움, 분노, 실패, 공포, 마음의 상처 등을 잊어야 한다. "오직 한 일 즉 뒤에 있는 것은 잊어버리고 앞에 있는 것을 잡으려고"(빌 3:13).

과거의 부정적 경험은 미래지향적이지 못할 뿐 아니라 성공적인 삶의 걸림돌이 될 수밖에 없다.

불타는 소원은 일의 성공의 확신을 준다. 의욕이 없는 사람은 성공할 수 없다. 사기를 잃어버린 사람은 곧 주저앉고 만다.

불타는 사랑과 의욕으로 충만할 때 어떤 환난도 이겨나갈 수 있다.

성공의 확신은 성공의식을 충만케 한다. 상을 받게 된다는 확신,

이것이 성공의식이다. 성공의식은 적극적인 사고 방식이다. 성공의식은 창조적인 생각을 산출한다.

창조적이고 능력있는 일의 성공과 부활은 그 사람의 작품이라 할 수 있다. 여러 가지 환경적 요인으로 절망의 늪에 빠질 수도 있으나 그 최종적인 책임은 각 개인에 있다.

개인이 어떠한 삶의 자세와 태도로 믿음가운데 새롭게 부활하느냐에 따라 인생의 성공과 실패를 가늠하게 될 것이다. 또한 부활의 영광을 누릴 것인가 아니면 사망의 음침한 골짜기를 헤맬 것인가가 결정지어진다.

우리 모두 좀더 적극적이고, 긍정적이며, 성공적인 삶으로 부활하여서 하나님의 은총과 축복 손에 은혜로운 삶의 승리를 해야 할 것이다.

(영성훈련) — 부활의 조건
　　　　　　　　부활한 자의 특성
　　　　　　　　부활의 영광

3장. 건강한 신앙을 위한 성령충만

모든 일에 밝은 빛으로 조명해 주시는
성령의 역사야말로 위대한 삶의 진리요
생명의 원천이며, 행복의 근원이다.
인도하심과 조명하심에 따라 사는 삶이야말로
건강한 영성적인 삶이라 할 수 있다.

1. 두 개의 대조적인 충만

성령 충만에는 내적 충만과 외적 충만이 있다. 그리고 영성에 있어서 성령은 중생케 하고, 말씀의 씨앗이 자라도록 한다.

모든 영성적인 삶의 열매를 맺게 하시는 분이 성령이시다. 말씀을 들으면 씨앗이 뿌려지고, 언젠가는 열매를 맺게 되는데 이것이 성령의 구속의 역사이다.

신앙에 있어서 어떤 목회자는 영성 회복이나 성장을 두고 급수를 매기는 사례를 보았는데 결국 충만의 단계가 급수를 매기는 차원이 아님을 재삼 밝히고 싶다.

우리가 전적으로 관심을 가져야 하는 것은 인간의 잣대로 판단하는 것이 아니다. 성령께서 역사하시고 우리를 이끌고 계시다는 사실을 믿는 믿음과 그 인도하심에 따라 순종하는 신앙심이다. 이것을 갖는 것이 중요하다.

(1) 충만

충만(Fullness)이라는 용어는 에베소서, 누가복음, 사도행전에서 등장하는데 성령께 사로잡혀 그 분이 우리 영혼 속에 내주하셔서 역사하는 것을 뜻한다.

누가복음 1장을 보면 마리아가 성령 충만하여 찬양하는 모습이 나와 있다. 바로 성령께서 마리아를 사로잡으시고 또 마리아의 영혼 속에 내주하셔서 역사하심으로 마리아는 이렇게 고백하게 된다.

"주의 계집종이오니 말씀대로 내게 이루어지이다"(눅 1:38).

우리들 영혼 속에 성령이 내주하셔서 우리를 인도하시고, 거듭나게 하시고, 인도하시며, 성장케 하여, 구원의 길로 이루어 나가는 사역을 바로 충만단계라고 할 수 있다.

성령 충만함은 곧 거룩한 변화를 받는 것이다. 또한 중생의 체험과 성결함으로 확실하게 예수 그리스도화 되는 영성의 지름길이다.

인간의 행위와 하나님의 역사, 인간의 철학과 하나님의 지혜가 만나서 영적 조화를 이루어 나가며, 하나님의 자녀를 하늘가는 밝은 길로 인도하시며 도우시는 성령을 체험하는 것이 충만이라 할 수 있다.

(2) 은사

충만의 단계에서 성령은 우리에게 영적 은사(Spiritual Gift)를 주시는데, 이것은 하나님의 사역을 감당키 위하여 하나님 자신의 필요에 의하여 주어진다. 교회를 위하여, 하늘나라 확장과 영혼 구원을 위하여 필요에 따라 주신다. 그 사람의 능력과 개인적인 특성을 살려서 하나님의 필요에 의하여 쓰임을 받을 때 올바른 은사라 할 수 있다.

은사는 성령의 내재하심으로 이루어지므로 성령의 도우심을 받아야 한다. 성령은 우리의 인격을 들어쓰시므로 반드시 성령께서 원하시는 인격을 갖출 때 올바른 은사가 주어질 것이다.

내적 충만으로 이루어지는 은사는 성령의 영혼에 대한 사역을 의미한다. 즉 거듭나게 하시고 영성적으로는 성화하게 하신다. 내적 변화로 성령의 아홉 가지 열매를 맺게 하는데 그것은 사랑, 희락, 화평, 오래참음, 자비, 양선, 충성, 온유, 절제이다.

외적 충만으로 이루어지는 은사는 육체에 대한 사역을 의미한다. 주의 일을 이루어나갈 수 있도록 주신 능력이다(고전 2:4-5, 12:5). 즉 능력의 은사라 할 수 있다. 지혜, 지식의 말씀, 믿음, 병고침, 예언, 영분별, 방언, 통역 등의 은사를 받아서 능력있는 사역을 할 수 있도록 하는 것이다(고전 12:7-11).

위와 같이 은사에 대하여 어느 정도 이해를 구한 뒤 성령 충만에서 오는 두 가지 은사를 살펴보기로 한다.

(3) 내적 충만

내적 충만(Internal Spiritual Fullness)에 대해 알아보자.

성령께서 영혼을 거듭나게 하는 내적 변화의 사역이라 할 수 있다. 성령은 인간을 내적으로 변화시키는 힘을 가지고 있다. 여기서 내적 변화는 그 영혼과 성품에 작용한다.

갈라디아서 5장에 이런 내적 변화를 '성령의 열매'라고 하여 아홉 가지로 구분했다. 사랑, 희락, 화평, 오래참음, 자비, 양선, 충성, 온유, 절제 등이다. 이것들은 한두 가지 생기는 것이 아니라 성령의 역사로 일으키는 내적 변화이므로 아홉 가지 열매가 동시에 일어난다.

세상적으로 살던 필자에게는 아주 나쁜 습성과 화급한 성격이 늘 문제였다. 혈기가 있어서 누구하고도 대인관계가 원만치 못하였고 화급한 성격으로 늘 사고뭉치였다. 그래서 이름처럼 타인에게 한기를 느끼게 하는 일이 다반사였다.

어느 날 은사집회에서 부흥 강사 목사님의 말씀을 듣는 순간 온몸에 전율이 흐르면서 그 동안 느끼지 못하였던 필자의 문제들이 회개가 되기 시작했다. 왕방울같은 눈물이 한달 내내 쏟아지면서 나 자신이 하나님앞에 먼지만큼도 못한 죄인임을 깨닫고, 그동안 교만함과 모든 자만심이 다 사라지면서 자성하는 가운데 성화되는 느낌을 받았다. 물론 그렇다고 금방 모든 것이 성화되지는 않았지만 그 이후로 점진적인 성결함 속에 영원히 버리지 못할 것 같았던 악습과 화급한 성격은 모두 사라졌다. 예전의 내가 아닌 나의 변화가 주위의 많은 사람들에게 하나님의 역사하심의 좋은 증거가 되었고, 내 영혼의 변화에 대하여 지금도 그 감사와 감격에 젖어 행복함을 느끼며 살아가고 있다.

"그런즉 누구든지 그리스도 안에 있으면 새로운 피조물이라 이전 것은 지나갔으니 보라 새것이 되었도다"(고후 5:17).

성령 충만의 내적 은사는 그 영혼을 변화시키는 능력과 힘이 있다.

참된 영성화는 바로 그리스도화 되는 것이다. 우리의 타락한 자아, 변질된 자아가 그리스도화 되지 않기 때문에 자꾸 비인간화, 비인간성을 가지고 죄 가운데 살아가고 있다.

나만 편하면 되고, 나만 좋으면 된다는 생각으로 이웃을 생각하는 마음을 잃어버린 현세대의 독선과 이기주의적인 신앙은 오늘날 병든 신앙의 형태를 만들어내고 있다. 진정한 구원은 이런 것들을 회개하고 변화받는 영적 각성 가운데 생기는 것이다.

(4) 외적 충만

외적 충만(External Spiritual Fullness)은 성령의 육체에 대한 사역 즉 성령의 은사적 사역이다. 즉 하나님의 사역을 감당하기 위하여 하나님 자신의 필요에 의하여 주어지는 모든 것을 가리킨다.

복음을 전할 때 자신이 평소대로 말을 잘한다면 그것은 은사가 아니다. 그러나 그것이 은혜의 목적으로 성령께서 말씀에 감동감화를 줄 때 은사가 되는 것이다. 하나님의 사역을 위하여 주어지는 지혜의 말씀, 지식의 말씀, 믿음, 병고침, 예언, 방언, 통역, 영분별, 기적의 은사 등을 말한다(고전 12:7-11, 행 2:1-4, 행 10:44-48, 행 19:1-6).

은사를 처음 받으면 대부분 자신이 잘해서 받은 것처럼 느끼면서 마치 그 은사가 자기에게 영원히 주어진 것처럼 착각하여 자기 생각대로 마구 남용한다. 그러나 하나님의 사역에 필요해서 주어진 것이므로 모든 영광은 하나님께 돌리고 신중하게 하나님의 복음사역에 써야만 한다. 그래야 오랫동안 능력있는 사역자가 될 것이다.

실제로 필자가 이런 착각 가운데 은사를 마구 남용했다. 개인의 영광스러움에 만족하다가 하나님께서 은사를 걷어가셔서 목회활동에 수많은 어려움과 고통에 처한 바가 있었다. 그 후 진심으로 회개한 뒤 다시 은사를 받아 지금은 능력있는 사역으로 하나님께 영광드리고 있다.

우리는 생각지 않은 과분한 성령의 도우심으로 은사를 받을 때가 있다. 이럴 때 주께서 뜻하시는 바가 무엇인지를 잘 알고 오직 하나님의 영광만을 위하여 잘 활용해야 한다. 그러면 능력있는 사역과 하나님이 허락하시는 무한한 축복 가운데 은혜가 될 것이다.

실제로 믿음의 은사를 받으면 무엇이든지 믿는 대로 이루어진다. 그 때 얼마나 신나는 영성목회가 되는지 체험치 않고서는 그 기쁨을 알 수가 없을 것이다. 기도하는 대로 금방 응답이 되어 돌아올 때 그보다 더 훌륭한 사역이 어디 있겠는가?

"내게 능력 주시는 자 안에서 내가 모든 것을 할 수 있느니라"(빌 4:13).

영성회복을 통하여 은사를 받아서 능력있는 영성목회가 될 때 부흥은 물론이고 하나님이 기뻐하시는 사역이 될 것이다.

(5) 인도하심과 조명하심

우리는 기도할 때 흔히 "주여, 나를 인도하여 주옵소서"라고 한다. 이 말은 곧 내 지식이나 내 판단을 넘어서는 것을 의미하는 것이다.

하나님께서 내 선택과 내 결단을 올바르게 판단하여 인도하여 주시기를 바라는 것이다. 이것은 곧 내 선택과 내 판단을 내 방법대로 행하지 않고 하나님께 맡긴다는 것이다.

하나님과 우리는 목자와 양의 관계이다. 양은 목자가 인도하는 대로 움직이고 따라간다. 목자가 인도할 때 양은 자기 의견을 가지지 않는다.

하나님은 우리에게 자유의지를 허락하셔서 모든 결정은 자기 스스로 가지게끔 하였지만 자기의 자아를 굴복시켜 자기의 수단과 방법으로가 아니라 하나님의 뜻에 따른 순종을 해야 한다. 이것이 목자를 따르는 양의 태도일 것이다.

양은 여러 마리라도 이탈치 않고 정확하게 줄을 서서 따라간다. 그리고 골짜기를 지나고 강을 건너도 목자가 인도하는 대로 따라간다. 때로는 풀이 마른 곳이라 먹을 것이 부족하고, 마실 물이 없고, 돌부리에 채여 넘어져도 목자를 따라간다.

반드시 자신의 생명을 지켜주고 푸른 초장과 맑은 물로 인도하시는 선한 목자이기 때문이다. 그렇다고 인도하심을 오해하여 무작정 인도를 바라는 것은 아무 의지나 생각없이 살아가려는 것과 같다.

사도바울의 선교에 있어서 계획이 있었느냐는 논란이 있다. 계획이 있었다면 성령의 인도가 밀려나고, 계획이 없었다면 무책임하고 무모한 사람이 될 것이다. 해답은 계획은 있지만 성령의 인도함을 받은 것으로 보인다. 그리스도인은 계획과 꿈은 가지고 살아가지만, 그것을 성령의 인도에 맡겨야 한다.

즉 자신의 계획과 생각을 성령님의 의지에 합일시켜 나가는 것이 영성이다. 이렇게 모든 일에 성령님의 지, 정, 의에 자신을 합일시켜 나갈 때 성령은 우리의 가치관을 바꾸신다. 우리 안에 신령한 집을 세우시고 성령께서 우리의 이성을 지배하신다. 바로 구원받은 이성으로 살아가는 것이다.

구원받은 이성은 이세상에서 가장 행복한 이성이다. 그러므로 가치관은 행복관이 되고 성령은 어떤 상황에서도 행복해질 수 있는 힘과 자신을 주신다.

모든 사물과 여건을 행복하게 볼 수 있는 시각과 마음을 주신 성령님은 우리에게 지혜를 주시고, 의를 주시고, 거룩을 주시고, 생명을 주신다. 모든 일에 밝은 빛으로 조명해 주시는 성령의 역사야말로 위대한 삶의 진리요 생명의 원천이며, 행복의 근원이다. 인도하심과 조명하심에 따라 사는 삶이야말로 건강한 영성적인 삶이라 할 수 있다.

2. 성령충만의 건강한 삶

(1) 신앙생활은 성령의 도우심없이는 불가능하다.

우리가 성공적인 신앙생활을 하기 위해서는 하나님의 절대적인 도우심이 필요하다. 앞장에서도 보았듯이 인도하심과 조명하심의 도우심 외에도 많은 도움이 필요하다. 그래서 예수님은 승천하시기 전에 제자들에게 우리를 도우시는 성령님을 보내주실 것을 거듭 강조하여 말씀하셨다. "내가 너희를 고아와 같이 버려두지 아니하고"라고 하셨으며 "내가 아버지께 구하겠으니 그가 다른 보혜사를 너희에게 주사 영원토록 너희와 함께 있게 하시리니"라고 약속하셨다.

예수님께서 처음으로 성령을 보혜사라고 부르셨다. 보혜사란 명칭의 뜻은 곧 "곁에 부름을 받아 돕기 위하여 항상 함께 하시는 이"라는 뜻이다. 그래서 우리의 연약함을 돕기 위하여 예수님의 부르심을 받아 우리와 함께 하신다. 그리고 우리들 가운데 역사하시며 우리를 도우시는 하나님의 영이시다.

첫째, 우리의 영적 연약함을 도우시고 계신다. 또한 예수님이 구주

되심을 믿을 수 있도록 도와주신다(고전 12:3, 롬 8:16).

둘째, 때로는 기도할 수 있도록 도와주시며

셋째, 신앙적인 담력을 갖도록 도와주신다. 예수님의 제자들이 성령 받기 전과 후의 모습은 너무나 달랐다. 우리들의 사회생활 중에도 도우신다.

넷째, 우리들의 지적 연약함을 도우신다. 성경을 깨닫게 하고, 말씀의 이해와, 신속한 결단을 요구할 때 지혜를(약 1:5) 주시고, 생활에 필요한 정보를 제공해 주신다.

다섯째, 우리들의 정적(감정) 연약함을 도우신다. 인간을 파괴하는 최악의 감정은 미움, 탐욕, 공포이다. 그러나 최선의 감정으로 사랑과 희락과 화평으로 안정을 기하게 하신다.

여섯째, 의지적인 연약함을 도와주신다. 삶의 방향을 결정짓는 주인이다. 마귀는 우리의 의지가 약한 것을 알고 우리를 쓰러뜨리고 실패케 만들지만, 성령께서는 우리의 의지를 강건하고 담대하게 하여 삶을 승리로 이끌어 나가신다.

성령은 구원받은 우리들의 연약함을 도와서 승리의 삶을 살게 하신다. 그리고 궁극적으로는 천국에 도달케 하기 위하여 지금도 우리를 성전 삼아 함께하시고 역사하시고 계신다. 그러므로 때를 따라 돕기 위하여 계시는 성령님을 소중히 생각해야 한다. 성령님의 도우심을 얻어야만 영성적인 훌륭한 신앙인이 될 것이다.

(2) 도움을 주시기 위한 성령의 사역

역적 은사를 주시고 내재하심으로 우리의 인격 안에서 역사하셔서 우리를 그리스도화 시키며, 내재하심으로 모든 삶의 열매를 맺을 수가 있다.

인침으로 우리를 능력있는 그리스도인, 권세있는 그리스도인으로 하나님의 자녀로 삼으시는 것을 알 수 있다. 성령께서 하나님의 자녀로 인쳐 주셨기 때문에 오직 하나님만 의탁하며 살아가야 한다.

죽고 사는 문제까지도 책임져 주실 하나님께 우리는 모든 것을 드리는 것이다. 이것이 바로 영성이 충만한 신앙생활이다.

성령은 또한 인간을 내적으로 변화시켜 나가신다. 여기서 내적 변화는 성품에 작용한다. 갈라디아서 5장은 이런 성품의 변화를 가리켜서 성령의 열매로서 아홉 가지로 구분하였다(사랑, 희락, 화평, 오래 참음, 자비, 양선, 충성, 온유, 절제). 그리스도의 성품으로 변화시켜 나가는 성령의 사역에 협조할 때 빠른 변화가 이루어진다.

또 성령은 우리로 하여금 죄를 이기게 하고 죄의 유혹을 물리치는 힘을 준다. 죄는 사람을 파멸케 하고 절망케 한다. 이런 죄의 절망 앞에 인간은 무력하다. 그러나 성령은 끊임없는 영적 변화 가운데 우리의 성품이 변하고 인격이 변하면서 죄를 이기게 하신다.

오늘 우리는 성령님의 도우심과 성령님의 이러한 사역에 적극적으로 협조하여서 성령이 바라는 자아상으로 하나님께 순종하여 하나님의 놀라운 축복과 은혜 가운데 살아가는 빛의 자녀가 되어야 하겠다.

3. 성령충만의 신앙 조건

(1) 성결함

그릇에 무엇을 담으려면 먼저 그 그릇을 깨끗이 씻어야 하듯이 먼저 성령의 내재 내주하심의 충만함을 받으려면 우리 마음의 그릇이 깨끗해야 하겠다. 성령님은 지, 정, 의를 갖추신 인격체이시므로 먼저 인격적으로 성결한 가운데 올바른 관계를 지속할 수가 있다.

인격을 가진 존재는 반드시 서로 인정하고, 신뢰하며, 환영하며, 성결한 마음으로 상호 교제가 이루어질 것이다.

만일 성결함이 없이 마음의 어두움이나 부정적인 가운데 빛을 잃어버린 상태라면 성령님은 결국 우리를 성전 삼아 내주하실 수가 없을 것이다.

"하나님의 성령을 근심하게 하지 말라 그 안에서 너희가 구속의 날까지 인치심을 받았느니라"(엡 4:30).

성령님은 하나님이시면서 지극히 신사적으로 우리들과 함께 하시고 계신다. 항상 성결한 마음의 상태가 지속될 때 성령님은 우리들 삶 속에 함께하시며 역사하시는 것을 알 수가 있다.

성령을 근심케 하지 않는다는 것은 곧 사랑의 표현이다. 사랑이란 상대를 편안케 하기 위하여 근심을 덜어줄 뿐 아니라 어떤 희생적인 것도 헌신하는 마음으로 베푸는 것이다.

나를 도우시기 위하여 나와 함께 하시는 성령님을 환영하고 모실 준비가 되어 있는가? 그분을 진심으로 모시기 위한 준비된 마음, 즉 성결한 마음의 상태가 되어야 하는 것이다.

성령의 내주 내재하심을 체험하려면 우선 그리스도의 보혈로 죄사함을 받고 중생하는 체험이 우선적으로 되어야겠다.

"그 아들 예수의 피가 우리를 모든 죄에서 깨끗게 하실 것이요"(요일 1:7).

예수를 잘 믿고 신앙생활을 하려다 보면 가장 먼저 부딪히는 문제가 바로 죄의 문제일 것이다.

예수님은 분명히 우리의 모든 죄를 씻으셨다. 그럼에도 불구하고 우리는 여전히 알게 모르게 죄를 지으며, 죄 가운데 살아가고 있다.

분명히 신앙적으로는 변화가 있었고 또한 성장 성숙하였는데도 불구하고 계속적으로 옛사람의 습성이 남아 있어서 나를 괴롭히는 영적 경험은 누구든지 한두 번 겪었으리라 본다.

그래서 사도 바울도 고민 끝에 이런 고백을 하게 된 것이다.

"내 속 곧 내 육신에 선한 것이 거하지 아니하는 줄을 아노니 원함은 내게 있으나 선을 행하는 것은 없노라"(롬 7:18).

"오호라 나는 곤고한 사람이로다 이 사망의 몸에서 누가 나를 건져내랴"(롬 8:24).

이럴 때 성령의 도움이 필요하다. 성령은 죄로부터 우리를 보호하시고, 지도하시고 의의 바른 길로 인도하시는 협력자이시다.

성령은 우리가 죄를 이길 수 있는 힘과 능력을 제공하시는 분이다. 성령께서 임하시면 영적인 변화가 일어난다. 성품이 변하고, 인격이 변화하면서 죄를 이길 수 있는 힘과 능력을 주신다.

이런 성령님을 모시기 위하여서는 먼저 자신이 깨끗하고 성결함을 도모하는 마음을 가져야 한다.

자기 중심적이고 육의 삶에 치중되어 있는 인본주의의 삶을 살아가는 사람은 성결한 삶과는 관계없이 음행, 더러운 것, 호색, 우상숭배, 술수, 원수맺는 것, 분쟁, 시기, 분냄, 당 짓는 것, 분리함, 이단, 투기, 술취함, 방탕함 등(갈 5:19-21)과 같은 죄악된 어두움의 삶을 살아간다.

그러나 성령과 함께 맺는 영적 열매는 신령한 삶의 형태이다. 그것은 사랑과 희락, 화평, 오래참음, 자비, 양선, 충성, 온유, 절제이다(갈 5:22-23).

"이는 곧 물로 씻어 말씀으로 깨끗하게 하사 거룩하게 하시고"(엡 5:6).

우리 그리스도인들은 원하든 원하지 않든 간에 항상 죄와 접촉하며 살아가고 있다. 그러므로 우리는 항상 예수 그리스도의 보혈로 허물과 죄를 깨끗이 씻어야 한다.

죄를 씻는 방법 중 하나가 먼저 자신의 죄를 솔직히 자백하는 것이다. 참회하는 가운데 하나님의 성결함을 입어야 하겠다.

"만일 우리가 우리 죄를 자백하면 저는 미쁘시고 의로우사 우리의 죄를 사하시며 모든 불의에서 우리를 깨끗게 하실 것이요"(요일 1:9).

성결한 삶을 영위하기 위해서는 성령님의 도우심이 있어야겠다. 또 우리의 신앙이 깨끗한 상태가 아니면 그 분이 함께 하시지 않으므로 능력있는 신앙생활을 이룰 수가 없다. 먼저 더러운 죄로부터 성결함을 받는 것이 우선적인 하나님의 요구일 것이다.

"그런즉 사랑하는 자들아 이 약속을 가진 우리가 하나님을 두려워하는 가운데서 거룩함을 온전히 이루어 육과 영의 온갖 더러운 것에서 자신을 깨끗하게 하자"(고후 7:1).

하나님은 우리의 내면의 욕망으로부터 외부의 행동에 이르기까지 모든 더러움에서 성결함을 받으라고 요구하신다.

하나님의 죄의 개념은 우리와 다르다. 탐욕을 품고 바라보는 것이 곧 탐욕을 품고 행동하는 것이나 다름없는 죄라는 것이다.

마음에 증오심을 품은 사람이나 누구를 미워한 나머지 살인을 저지르고 손에 피묻은 칼을 들고 있는 사람이나 똑같이 보신다는 사실이다. 이것을 알 때 어떠한 성결을 요구하시는 지를 알 수가 있다.

겉으로 보기에는 아름다우나 그 속은 더러운 모든 것으로 가득한 바리새인들의 회칠한 무덤을 닮지는 않았는지(마 23:27) 우리는 다시 한번 더 생각해 보아야 할 것이다. 내, 외면으로 모두 성결한 신앙의 모습을 가질 때 성령의 인도하심이 따를 것이다.

죄를 짓고도 회개치 못하고 계속 같은 죄를 연속적으로 저지르며, 조금도 변화가 없는 방종의 상태에 있다면 성령의 인도하심과 충만함이 있겠는가?

고의적으로 불순종하며, 분명하게 하나님의 뜻인 줄 알면서도 거역하는 일을 하면서 성령의 충만함을 받기 위하여 열심히 기도한들 무슨 소용이 있겠는가? 너희가 피묻은 손으로 기도하며 중언부언 하지 말라"는 하나님의 권고를 귀담아 들어야 하겠다.

모든 죄악에서 벗어나 성결한 삶의 형태와 신앙생활이 아니면 인격적인 성령은 임하시지 않는다.

성령을 근심케 하고, 성령을 소멸케 하는 생활을 하는 한 성령충만
은 있을 수 없으며, 성령의 역사를 체험할 수가 없을 것이다.

성령으로 충만케 되기 위하여서는 성결한 삶과 신앙생활을 유지해
야 겠다. 성령은 성결의 영이시기 때문에 깨끗한 심령 속에 거하시는
분이시다.

(2) 순종

인간의 계획과 생각이 산산조각이 나면 인생의 밤과 직면하게 된
다. 어두운 밤이 되면 지척을 분간할 수 없듯이 나의 모든 생각과 수
단과 방법이 한계상황에 이르게 되고 한치 앞도 볼 수 없는 어두움이
우리를 난처하게 한다. 이럴 때 우리는 이런 한계상황을 벗어나고 극
복하기 위한 수단으로 하나님을 찾게 되고 성령님의 도움을 간절히
바라게 된다.

우리가 깨어져서 마음이 가난하게 되어 하나님께 순종하면 성령이
우리 안에 거하시며 우리를 도와주신다.

인생의 밤을 맞이한 사도 바울도 설교를 할 수 없었으며, 기적도
나타나지 않을 때가 있었다. 사람들이 환영도 하지 않았으며 제자들
도 떠나 버렸다. 이럴 때 사람들의 수군수군하는 소리가 들려왔다.

"바울도 성령이 떠났대. 이제는 하나님께서 사용하시지 않나봐. 끝
장났어."

한없이 내려가는 생활에서 절망적인 어두운 밤에 부딪힌 후에야 바
울의 혼적인 것이 깨어지며 성령의 역사가 다시 일어나기 시작했다.

하나님께서는 자기 중심적인 혼이 살아 꿈틀거리는 사람에게는 성
령의 활동이 중지되고 사용하시지 않는 것을 알 수 있다.

아브라함 역시 이 순종을 통하여 하나님께 복의 조상이 되었다. 하나님은 아브라함에게 "네 아들 네 사랑하는 독자 이삭을 데리고 모리아 땅으로 가서 내가 네게 지시하는 한 산 거기서 그를 번제로 드리라"(창 22:2)는 지시를 하셨다.

그 때 그는 참으로 세상이 무너지는 참담한 심정이었을 것이다.

그러나 아브라함은 그동안 많은 연단을 거쳐서 절대적인 순종함을 배웠다. 하나님이 어떤 분이시라는 것을 잘 아는 아브라함은 하나님 지시대로 순종했다. 이것을 볼 때 오늘날 믿음의 조상이 된 것도 결코 헛된 명성은 아니다.

"믿음으로 아브라함은 부르심을 받았을 때에 순종하여 장래 기업으로 받을 땅에 나갈새 갈 바를 알지 못하고 나갔으며"(히 11:8).

성령님과의 인격적 교제를 하기 위해서는 그분의 지도와 인도하심에 순종하기 위한 믿음의 바탕이 이루어져야 한다.

성령님은 우리를 돕기 위하여 오신 하나님의 영이시다. 즉 하나님은 우주의 절대권자이시며 우리의 통치자이시며, 우리를 주관하시는 주권자이시다. 이런 하나님의 영이신 성령님이 우리를 돕기 위하여 와 계시는데 그 분의 지시와 인도하심에 오직 순종만이 있을 뿐이다.

우리의 이성적 판단이나 지성적인 논리로 설명이 불가능한 일을 가지고 자신의 자아중심적인 생각으로 판단하고 일을 해 나가려고 하면 성령님과의 인격적인 교제가 불가능하다. 오직 성령님의 지시와 인도하심에 순종하는 것만이 도움을 받을 수 있는 유일한 통로가 된다.

"너희 자신을 종으로 드려 누구에게 순종하든지 그 순종함을 받는 자의 종이 되는 줄을 너희가 알지 못하느냐 혹은 죄의 종으로 사망에 이르고 혹은 순종의 종으로 의에 이르느니라"(롬 6:16).

성령충만의 참되고도 근본적인 방침은 자기를 굴복시키는 것이다.

자기의 주권자가 자신이 아니라 내 안에 내주하시는 성령님이실 때 그분의 역사가 이루어지는 것이다.

"너희 몸은 너희가 하나님께로부터 받은 바 너희 가운데 계신 성령의 전 인줄 알지 못하느냐 너희는 너희 것이 아니라 값으로 산 것이 되었으니 그런즉 너희 몸으로 하나님께 영광 돌리라"(고전 6:19-20).

하나님의 거룩하신 영이 나의 몸에 거하신다는 사실, 즉 하나님은 나의 주권자로서 나의 몸의 소유권을 가지고 계시고 성령께서 이미 나의 몸을 당신의 거룩한 성전으로 삼으셨다는 사실은 하나의 놀라운 진리의 발견이다.

거룩한 성전이 되기 위해서는 성령의 사역을 방해하는 불순종이 있어서는 안되겠다.

오직 절대 순종으로 성령님을 모셔 들이고자 하는 분명한 신앙의 결단 없이는 성령님이 내주 내재하시지 않는다는 사실을 알고 순종하는 마음의 자세로 성령님을 환영하고 모셔들여야 하겠다.

(3) 믿음

믿음 없이는 성령의 역사를 체험하지 못할 뿐 아니라 성령충만의 신앙적인 기본적인 것조차도 이해를 할 수가 없다.

성령님의 내주 내재하심도 믿음으로 이루어지는 것이다.

"너희가 전심으로 나를 찾고 찾으면 나를 만나리라"(렘 29:13).

성령충만과 아울러 성령님과 인격적인 교제방법은 믿음으로 가능하다.

요한복음 3장 8절 말씀을 보면 "바람이 임의로 불매 네가 그 소리를 들어도 어디서 오며 어디로 가는지 알지 못하나니 성령으로 난 사람은 다 이러하니라"고 했다. 무슨 뜻인지 선뜻 이해하기가 어렵지만 말씀대로 바람이 분다. 바람은 눈에 보이지 않지만 우리는 바람이 부는 것을 알 수가 있다.

이처럼 눈에 보이지는 않지만 우리는 믿음으로 성령이 와계시는 것을 알 수가 있다. 무엇으로 가능한가? 바로 믿음의 눈으로 바라볼 때이다.

믿음의 장이라 할 수 있는 히브리서 11장 말씀에도 "믿음은 바라는 것들의 실상이요 보지 못하는 것들의 증거니 선진들이 이로써 증거를 얻었느니라"고 했다(1-2절).

믿음은 바라는 것들의 실상이라는 말씀처럼 믿음으로 성령님과의 교재를 원할 때 실제적인 성령의 사역이 증거로 나타난다.

믿는 자에게 주어진 성령의 모습을 바라보아야 한다. 하나님은 구원의 확증을 위한 방편으로써 믿는 자들에게 성령님을 보내주셨으므로 믿음이 없이는 성령의 충만이 있을 수가 없다.

그러므로 성령충만한 사람은 곧 믿음이 강건한 사람인 것은 물론이고 구원을 소유한 사람이다.

우리는 믿음으로 성령님과 교제하며 성령님을 근심케 하지 않아야 하며, 성령을 소멸하는 일이 있어서도 안된다.

우리를 위하여 돕는 자요, 중재자요, 위로자라는 확실한 믿음으로 구원의 확신과 믿음의 확신을 가질 때 성령충만한 신앙생활이 된다.

성령은 믿음의 분량만큼 우리 안에서 활동하신다. 성령은 동일하지만 각 사람에게 성령의 나타남은 같지 않다. 성경은 이것을 은사 혹은 믿음의 분량이라고 가르치고 있다.

달란트의 비유(마 25:14-30)에서 볼 수 있듯이 우리 모두는 각기

다른 믿음의 분량을 가지고 있다. 그러나 한 성령이 나눠주신 것이므로 자기 믿음의 분량에 충실하도록 힘써야 한다.

그러므로 성장하고 성숙하여 믿음으로 성령님과 인격적 교제가 이루어질 수 있도록 최선의 믿음이 전제되어야겠다.

4장. 건강한 신앙의 회복된 삶

병든 세상, 병든 영혼,
병든 인간을 구원하고 치유할 수 있는 것은
오직 그리스도의 사랑밖에 없다.
이제 우리는 참사랑의 회복으로
우리의 병든 삶을 치유시켜
건강하고 밝은 신앙을 가져야 한다.

1. 회복된 능력의 삶

인간이 갖고 있는 자산을 평가할 때 우리는 흔히 그 사람의 동산이
나, 부동산 그리고 학력이나 자신의 지식 등에 의지하여 평가한다.
그러나 이런 것들이 결국 삶에 도움을 주겠지만 인간을 진실로 성공
시키는 일에는 그 역할을 다할 수는 없다.

그러면 성공시키거나 실패시키는 일 중에 근본적으로 더 중요한 것
은 무엇인가? 눈에 보이는 자산도 중요하지만 눈에 보이지 않는 불가
시적인 자산이 더욱 중요함을 알 수 있을 것이다. 눈에 보이는 자산
이 아무리 많더라도 믿음 없이는 아무 것도 성취할 수 없다는 것을
알 수 있다.

우리 그리스도인은 영적 자산이 있기 때문에 환경적인 어떤 어려움
이 온다 하여도 충분히 이겨나갈 수 있다. 믿음이 있으므로 쉽게 흔
들리거나 절망감에 빠지지 않는다.

우리는 믿음이 있기 때문에 믿음으로 성취하는 능력의 삶을 살아야
하겠다. 죄를 용서하시고 삶의 의미와 목적을 주신 하나님을 믿으므
로 축복의 삶을 살아갈 수 있으며, 소망과 사랑의 삶을 살아갈 수 있

다.

능력의 삶은 곧 성령을 의지하고 그분에게 맡기는 삶이다. 그분의 지시와 인도 아래 순종하는 삶이 바로 믿음으로 이루어나가는 능력의 삶이라고 앞장에서도 잠시 소개한 바가 있다.

(1) 성령님의 인도와 지도 방법대로 사는 능력의 삶

믿음으로 성취하는 능력적인 삶을 살기 위하여서는 성령님의 인도와 지도에 따르는 삶을 살아야 하는 것이다.

성령론을 사회 과학적으로 접근하거나 이해를 하려는 사람들이 있지만 우리의 이성이나 체험과 지식으로 이해하려는 것은 금물이다. 우리는 성령의 역사로 말미암아 영혼이 자기를 알게 되고 그리스도 안에서 자신이 어떠한 존재인가를 알 수가 있는 것이다(행 9:3-7).

사도행전 11장에 보면 제자들이 안디옥에서 '그리스도인'이라는 이름을 받게 된다. 그리스도인이란 무슨 뜻인가? 곧 그것은 그리스도의 영에 인도받는 사람이요, 그리스도에게 속한 사람이다.

속했다는 의미는 그 주인됨의 본질을 말한다. 가령 나 자신이 대한민국 국민이라면 나는 한 국민으로서의 나라의 지배를 받는 것처럼 나의 주인은 곧 하나님이시다.

자연이 자연의 법칙의 지배를 받는 것은 당연한 것처럼, 본능의 지배를 받는 것이 동물이다. 동물은 주로 생식 본능의 지배를 받는다. 그들은 세상이 불에 다 타버려도 그들의 관심사가 아니다. 단지 먹고, 싸우고, 새끼를 낳는 일이 전부인 것처럼 그저 생존본능 그 자체이다.

그러나 인간은 그렇지 않다. 인간은 먼저 이성의 지배를 받는다. 이성적인 것은 먹을 것과 먹지 않아야 할 것을 구분하고, 내 것과 내 것이 아닌 것을 구별할 줄 안다.

이성의 통제를 받는 만큼 인간은 자유를 누린다. 그렇지 않고 본능의 지배를 따르게 되면 인간은 이성의 심판을 받게 되고 인간성을 상실하게 된다. 이성이 지배할 때 인간이 자기 본능을 향유하게 되고, 건강한 인간이 될 수 있을 것이다.

그러면 그리스도인은 어디에다 근거를 두어야 하나? 이성을 초월하여 그리스도의 영에 의하여 다스림을 받고, 지도를 받을 때 참된 그리스도인이라고 할 수가 있겠다.

그리스도의 영이신 성령께서 인도하시고, 지도하시며, 그분의 주관 아래 살아갈 때 그리스도인이다. 성령의 역사가 내 안에 내재하시며 그리스도의 선함과 의지가 우리 안에 있어야 한다.

성령은 우리의 연약함을 도우신다고 한다(롬 8:26). 우리의 영적 연약함과 기도할 수 있는 능력과 신앙적인 결단과 우리의 지적, 영적, 의지적 연약함을 도와서 천국 백성으로서 하늘 가는 밝은 길에 이르게 하는 것이다.

오직 성령님의 도우심을 통하여 완전한 그리스도인이 될 수 있으며, 성공적인 신앙생활로 능력의 영권을 회복하게 된다.

(2) 능력의 삶은 부활이다

기독교 신앙은 이론이 아니라 체험신앙이며 부활의 신앙이다. 예수님을 믿음으로 자기 속에 일어난 변화의 체험이 모든 삶의 새로운 부활을 가져다 준다. 이것을 가르쳐 기독교의 참됨을 증거하고 증명해 주는 것이다.

주님의 부활 역시 장사한 지 사흘 만에 죽은 자 가운데서 이루어진 것을 우리는 잘 알고 있다.

예수 생명이 내 생명이요, 예수 죽음이 내 죽음이요, 예수부활이 내 부활이다. 그 어떤 이론보다 가장 강력한 믿음의 증거는 부활하신 주님을 체험하는 것이다. 우리 성령의 역사로 말미암아 우리들 삶 가운데 부활을 체험할 수 있을 것이다.

부활과 능력있는 삶을 체험하기 위해서는 우리를 성전 삼으신 성령의 내재하심이 있어야 하겠다. 이 말은 곧 성령께서 직접 우리의 인격 안에서 작용하는 것을 의미하는 것이다.

"…너희 안에 거하시는 그의 영으로 말미암아 너희 죽을 몸도 살리시리라"(롬 8:11).

이것은 죄로 죽을 수밖에 없는 우리가 성령의 도움으로 예수 그리스도의 생명으로 다시 거듭날 수 있는 새 신분으로 성화하는 과정이라 할 수가 있다.

이것을 가리켜 성령의 사역이며 능력있는 삶의 변화적 동기라 할 수 있다. 부정모혈(父情母血)이란 말이 있듯이 아버지는 정으로 기르시고 어머니는 혈육으로 기르신다는 것처럼 하나님의 사랑을 깨닫게 해주시고 아버지의 크신 은혜의 의미를 알게 해주시는 어머니의 역할이 곧 성령께서 내재하시는 역사이다.

성령은 우리의 협력자요, 변호자요, 위로자요, 상담자이시다.

우리와 함께 고난을 당하면서 우리의 연약함을 도와주시는 협력자이다. 그래서 영성의 절정인 그리스도화 할 수 있도록 내재하시며 인도하시며, 주관하시길 원하신다.

"보혜사 곧 아버지께서 내 이름으로 보내실 성령 그가 너희에게 모든 것을 가르치시고 내가 너희에게 말한 모든 것을 생각나게 하시리라"(요 14:26).

하나님의 지혜로 그때마다 내재하시며 우리가 가야할 길을 인도하시고 지혜와 명철로 우리의 삶을 경영해 주시는 성령님의 도우심이야말로 우리가 믿음으로 성취할 수 있는 능력의 삶을 이루어줄 수 있는 협력자이시다. 이것은 성령의 역사가 아니고서는 불가능한 일일 것이다.

능력있는 부활의 삶은 죽은 것이 다시 살아난 것을 의미한다. 그러면 우리들 가운데 죽은 것은 무엇이며 부활한 것은 무엇인가?

"내가 그리스도와 함께 십자가에 못박혔나니"(갈 2:20). 십자가와 함께 죽어야 하는 것은 우리들의 자아와 죄와 허물들이다.

"산 자로 여길지어다"(롬 6:11). 십자가와 함께 부활하기 위해서는 먼저 죄에 대하여 죽었다고 여겨야 한다.

미움에 대하여, 공포에 대하여, 좌절이나 절망도, 탐욕에 대하여서도, 모든 저주에서도 죽었다고 여겨야 한다.

실제로 생각에서 먼저 자유로움을 얻으면 실제적인 삶에서도 그대로 이루어진다.

"내 안에 그리스도께서 사신 것이라"(고전 1:30, 고후 5:17). 그리스도를 통하여 예수님은 나의 지혜가 되시고, 나의 의가 되시고, 나의 거룩이 되시며, 나의 구속함이 되신다.

죄, 무능력, 병, 저주, 사망과 음부에서 구속해 주신다.

나를 사랑하사 나를 위하여 자기 몸을 버리셔서 죽고 장사지낸 바 되셨다가 다시 부활하신 예수님을 믿는 것이 부활의 삶을 사는 것이다.

그러므로 영혼의 부활을 체험할 수 있다. 죽은 영이 새롭게 부활하므로 하나님과 다시 교통할 수 있으며 영성적 회복으로 말미암아 새로운 영적 생명을 얻게 된다.

영이 살아나면 타락한 인간의 양심도 새롭게 부활하는 것을 알 수 있다. 약한 양심이 살아나고(고전 8:7), 더러운 양심이 성결해지고(고전 8:7), 악한 양심이 선해지고(히 10:22), 감각이 마비된 양심이 부활된다(딤전 4:2).

또한 예수님은 우리의 지혜가 되시므로 참지식을 이해하는 지혜의 부활이 이루어진다. 우리 스스로 지혜있다고 하나(롬 1:22-23). 멸망하는 지혜이다(고전 1:18). 계시적 지식이 부활(마 11:27)로 말미암아 우리의 육체도 부활을 체험할 수가 있다.

살려주는 영이시다(고전 15:42-45). 그러므로 잠잘 것이 아니라 깨어서 부활하는 우리들의 육체를 보게 될 것이다(고전 15:51-58). 부활하신 예수님을 믿을 때 믿음으로 성취하는 삶의 열매가 풍성히 열릴 것이며, 우리들 영과 혼과 양심과 지혜와 육체의 부활이 이루어질 것이다.

실제로 성령의 역사로 일어나는 부활의 삶은 믿음으로 모든 것을 성취할 수 있는 능력의 삶이라고 할 수 있다.

2. 회복된 믿음의 삶

믿음의 삶이란 하나님을 목표로 날마다 믿음으로 전진하는 삶이다. 이는 마치 등산하는 사람이 산의 고지를 목표로 하여 나아가는 것과 흡사하다. 등산가는 험한 비탈을 걷기도 하고 깊은 골짜기를 지나며 바위를 타고 오르기도 하며, 때로는 높고 낮은 산정을 오르내리기도 한다.

믿음을 가진 삶이라 하여 늘 즐겁고 기쁨의 삶만이 있는 것이 아니다. 시험의 깊은 계곡, 유혹의 산비탈, 영광과 절망의 산정이 교차하며 계속되는 것이다. 이와 같은 삶 속에서 어떻게 하면 항상 낙심치 않고 환경을 이겨나가는 믿음의 삶을 살 수 있을까?

(1) 하나님과의 관계를 개선하는 것이 영성회복된 믿음의 삶이다.

먼저 하나님과의 확실한 관계를 알고 감사하는 마음을 가져야 하겠다.

성부 하나님은 창조주이시며, 우리를 구속하신 영원한 아버지이시다.

성자 하나님은 구세주로서 우리의 모든 죄를 사하시고 하나님과의 영적 관계를 재정립하신 대속의 은총을 베풀어주신 그리스도이시다.

성령 하나님은 구원의 보증과 능력있는 믿음의 삶을 위하여, 우리를 도와주시기 위하여 우리 안에 내주 내재하시는 보혜사이시다.

이런 하나님과의 관계 속에 믿음으로 살아가는 신앙인은 모든 것을 하나님께 온전히 의뢰하는 삶을 살아야 하겠다. 하나님은 의뢰하는 자에게 은택을 베풀기 원하신다(고후 6:2, 마 6:33). 의뢰란 말은 의지하는 것이고 맡기는 것을 뜻하는데 결국 하나님께 모든 것을 믿고 맡기는 삶이 회복된 믿음의 삶이라 할 수 있다.

성경은 "오직 의인은 믿음으로 말미암아 살리라"(롬 1:17), "이제 내가 육체 가운데 사는 것은 나를 사랑하사 나를 위하여 자기 몸을 버리신 하나님의 아들을 믿는 믿음 안에서 사는 것이라"(갈 2:20)고 했다.

이제 하나님께 의지하고 맡기는 삶이 머리 속으로는 이해가 가지만 실제적인 믿음의 삶을 살기란 그리 쉬운 일은 아니다. 믿음의 생활은 감정의 생활과 전적으로 다를 뿐 아니라 정반대의 삶이라 할 수 있겠다. 감정의 삶 자체는 기복이 심하나 믿음의 삶은 전적으로 믿는 그분에게 의뢰하고 맡겼기 때문에 자기의 인적 삶이 아니라, 그분에게 의지하는 삶이 되어야겠다.

믿음의 삶이 바라보는 것은 하나님이 중심인 데 반하여, 감정의 삶이 바라보는 것은 자신의 자아 중심적 삶이다.

그러므로 감정의 삶은 변화무쌍하고 기복이 심한 것에 비하여, 하나님 중심의 삶은 안정되어 있다. 왜냐하면 하나님은 변하지 않으시는 분이시기 때문이다.

하나님은 구름 낀 날이나, 화창한 날이나 언제나 동일하신 분이다. 그러므로 믿음으로 사는 사람은 하나님처럼 변하지 않는다.

'바람불어 좋은 날'이라는 영화가 있다. 그 영화제목이 좋아서 감독에게 제목에 대하여 물어 보았더니 설명하기를 "내가 아는 영국 시인이 있는데 그 시인이 말하길 '우리 인간은 자신의 계획과 욕심 때문에 날씨에 불만이 많다'는 것입니다. 오늘은 요트를 타고 낚시를 해야 하는데 태풍이 분다든가 남들은 오늘 놀러가는데 나만 못가니 비가 오라는 식으로 말입니다. 그 시인이 하는 말이 선하신 하나님이 만드신 날 중에 어떻게 나쁜 날이 있느냐는 것입니다. 하나님이 만드셨으니 다 좋은 날이 아닙니까? 그래서 바람불어서 좋은 날, 비가 와서 좋은 날, 추워도, 더워도, 그 나름대로 좋은 날이라는 것입니다."라고 했다.

우리는 조금만 삶의 바람이 불어도 그 동안의 신앙이 무너지고, 믿음이 날아가버리고 추우면 춥다고, 더우면 덥다고 아우성치는 신앙을 갖고 있다.

그러나 회복된 믿음은 이런 신앙생활을 바르게 할 뿐 아니라 중심을 갖게 하여 어떤 외부적인 환경에 동요되지 않는 신앙관으로 회복시켜 준다.

시들한 믿음이 건강해지면 모든 삶에 있어서 의심하는 마음이 사라지고, 평안과 확신하는 마음으로 충만해진다. 뿐만 아니라 내가 애쓰고 힘쓰는 마음이 사라지며 모든 것을 이미 믿음으로 받은 것으로 깨달아지며 감사하는 마음으로 어떤 환경 속에서도 극복하는 내적 힘이 솟아난다. 이것이 회복된 믿음의 삶이라 할 수 있다.

오늘날 믿음의 문제만큼 많이 설교된 제목도 없을 것이다. 그러나 믿음이 막상 무엇이냐는 질문에 분명하게 대답할 사람은 그다지 많지 않다.

많은 사람들이 상담중에 "내가 확실히 믿었는데 왜 하나님은 응답하지 않나요? 정말 하나님은 계실까요?" 하는 불신앙적이고 회의적인 질문을 한다. 이것은 의심하는 믿음이다.

우리의 믿음이 병들어 있거나 회의로 가득 차서 부정적이 되면 모든 것이 무기력하고 시들해진다. 영적인 침체가 이루어진다. 그러므로 영성회복된 믿음은 산을 옮길만한 믿음의 능력이 나타난다.

아주 신실한 믿음을 가진 장로님 한 분이 찾아오셔서 자신의 괴로운 신앙생활을 얘기하였다. 유년 시절부터 정말로 열심된 신앙생활 가운데 성장했으며, 열정을 바쳐서 하나님의 일이라면 목숨을 바쳐서 하고자 하는 마음으로 했다고 한다. 성전도 건축하고, 십일조생활, 직분을 맡아서 모든 일에 거의 열정적으로 봉사를 했는데도 결국은 모든 신앙이 회의적이고 가면 갈수록 믿음생활이 시들해진다는 것이다. 결국은 신앙생활의 모든 것이 이것이라면 자기는 여기서 포기하고 싶다는 것이다.

이유가 무엇일까? 필자의 생각에는 지금까지 장로님의 신앙생활은 종교적인 환경에 동참하는 형식적이고 의례적인 신앙적인 삶이었다고 여겨진다.

믿음이란 어떤 논리적이고 이론적인 것이 아니라, 체험의 신앙이다. 또한 하나님의 기적적 역사를 전제하는 것이 아니고 무엇이겠는가?

인간이 스스로 모든 것을 할 수 있다고 생각할 때 믿음은 이미 소멸된다. 그러므로 믿음은 하나님의 뜻에 그 기초를 두고 하나님께 나의 모든 것을 맡기며 신뢰하는 것이다.

그러나 장로님은 자기의 의를 자신이 쌓고자 노력하다가 결국은 지쳐버리고 모든 믿음의 생활이 시들해지고, 영적 침체가 들어온 것이다.

욥도 자신이 의롭다는 생각 속에 자기가 당하는 고난이 부당하다고 생각했지만, 결국은 하나님 안에서 깨닫고 즉시 회개하는 가운데 하나님의 은혜로 모든 것이 회복되어 이전 소유의 갑절이나 되는 복을 받았다. 그리고 다시 생명력있는 믿음으로 승리하는 모습을 볼 수 있듯이 우리 역시 회복된 믿음의 삶이 되어야겠다.

(2) 회복된 믿음의 삶은 변화를 맞이하는 것이다.

마음은 하나님의 능력을 담는 그릇이라 할 수 있다. 우리는 변화무쌍하고 소용돌이치는 환경 속에 환경의 노예로 살아가고 있지만 하나님은 우리를 환경의 지배자로 창조하셨다.

그러나 타락함으로 환경을 지배할 권세를 잃어버리고 죄와 질병과 저주와 죽음의 노예가 되었다. 인간이 잃어버린 영권을 회복하는 일은 오직 믿음을 통해서만 가능하다.

믿음이란 무엇인가? 변화된 마음의 바탕에서 산출되는 것이다. 마음이 의심과 불안, 두려움에 쌓여 온갖 부정적인 생각으로 꽉 들어차 있는 상태에서는 무엇을 하든 지금의 삶에서 달라질 것은 하나도 없다.

어떻게 해야 마음의 변화를 받아서 믿음의 변화를 이루어서 능력있는 그리스도의 삶을 살아갈 수 있을까?

먼저 변화의 동기가 있어야겠다. 십자가의 대속의 은총을 통해 믿음의 변화를 체험해야 한다. 그리스도의 십자가만이 가장 위대한 동기가 되어야 한다.

그리스도를 의지하는 순간 근본적으로 마음의 변화를 받아 소망에 찬 기쁜 삶을 영위하게 된다. 운명과 환경을 지배하는 능력은 우리들의 마음에서 비롯된다.

"무릇 지킬 만한 것보다 더욱 네 마음을 지키라 생명의 근원이 이에서 남이니라"(잠 4:23).

먼저 마음을 생명의 근원이 솟아나는 하나님께 두고, 복의 근원으로 바꾸어 주시는 십자가의 대속 은총을 믿어야만 변화를 이루는 동기가 생기게 된다. 그런 가운데 마음의 변화는 계속되는 과정이라 할 수 있다.

또한 구원받고, 마음의 변화를 받았다고 그대로 방치해서는 안된다. 변화된 마음에 계속적인 마귀의 공격이 따르게 마련이므로, 하나님의 말씀을 통하여 영적 건강과 생명을 유지하지 않으면 안된다.

왜냐하면 흑암의 세력이 끊임없이 불안과 공포와 절망과 의심과 열등의식을 넣어주기 때문이다.

변화된 마음을 유지하려면 기도해야 한다(기도, 말씀, 충만). 말씀으로 평안과 확신, 기쁨을 찾아야 한다. 성령충만으로 마음의 변화를 받아야 한다.

십자가의 은총을 묵상하고, 기도로 영적 교통을 이루고, 말씀으로 영적 무장 가운데, 협력자인 성령님의 도움을 받을 때 건강한 믿음을 유지할 수 있다.

변화된 마음이 나타내는 위대한 믿음의 능력이야말로 회복된 믿음의 삶이다. 사람의 마음이 새로워지면 꿈이 생기고 소망이 생긴다. 자신에 대한 새로운 이미지가 형성된다. 그러나 외면적인 면보다 내면적인 것이 중요하다.

열등의식에 눌린 사람은 아무리 좋은 환경 가운데 있어도 자학적인 말을 하고, 부정적인 말을 하기 때문에 진정한 행복을 누릴 수가 없다.

이런 질병과 저주에서 해방되었음을 믿을 때, 이것이 회복된 믿음을 나타내는 위대한 힘이라 할 수 있다. 그러기 위하여 변화된 마음의 생각을 입으로 시인해야 한다(잠 18:21, 약 3:1-5).

죽고 사는 것은 혀의 권세에 달렸다고 했다. 혀는 작지만 온몸을 어거하는 힘이 있다. 나는 못한다, 나는 실패한 사람이다, 나는 무능력자다. 나는 저주받은 존재다 하는 부정적인 말은 아무런 득이 되지 않는다.

우리의 긍정적 고백을 통하여 믿음이 생동한다. 그러므로 우리는 좀더 긍정적이고 밝은 신앙의 태도로 믿음을 가지고 늘 변화된 마음을 가지고 살아야겠다.

성경은 "네 입의 말로 네가 얽혔으며 네 입의 말로 인하여 잡히게 되었느니라"(잠 6:2)고 교훈하고 있다.

긍정적이고 창조적인 말은 환경과 운명을 변화시키는 위대한 힘이 있다. 환경이나 지성이 자신을 움직이는 것 같아도, 진정 사람을 좌우하는 것은 마음이라는 사실을 알게 되면, 마음이 인간의 생활과 운명을 잘되게도 하고 못되게도 하는 것을 알 수가 있다.

회복된 믿음의 삶이 나타나는 삶의 능력은 참으로 위대한 힘을 발휘한다. 그러므로 영성회복으로 믿음을 회복시키고 확신과 기쁨이 충만한 건강한 신앙인이 되어야겠다.

3. 회복된 소망의 삶

소망이 없는 삶은 죽어있는 삶이라고 해도 과언이 아니다.

성경에서도 꿈이 없는 백성은 망한다고 말씀하고 있다. 우리가 주 안에서 내일에 대한 찬란한 꿈을 가질 때만이 위대한 신앙의 삶을 이루어나갈 수 있다. 긍정적이고 창조적인 소망은 우리에게 삶의 진정한 용기와 기쁨을 준다. 그러나 부정적인 실망은 우리를 파멸에 이르게 하고 만다.

우리가 이 세상에서 어떤 어려움에 처하더라도 버릴 수 없는 소망이 있다면 그것은 천국에 대한 소망일 것이다.

이스라엘은 40년 간 광야의 생활 속에 환경적인 어려움이 따랐지만 그들은 결코 삶 자체를 포기하지 않았다. 젖과 꿀이 흐르는 가나안에 들어간다는 소망이 있었기 때문이다. 세상 사람들은 잠시 동안 누릴 이 세상의 부귀와 영화를 위하여 영원한 천국의 소망을 저버리고 살아가고 있다.

이세상의 허상적인 삶, 부귀영화를 위하여 영원한 실상의 삶인 천국을 망각하는 어리석은 자가 되어서는 안되겠다. 우리는 천국의 기뿜이 우리에게 주어짐으로 항상 소망하며 살아야 할 것이다.

"소망 중에 즐거워하며 환난 중에 참으며 기도에 항상 힘쓰며"(롬 12:12).

모든 믿음의 역사는 소망하는 대로 이루어지고 꿈을 꾸는 대로 이루어진다. 만일 부정적인 꿈에 사로잡혀있다면 그 꿈대로 될 것이 분명하다. 어떤 환경의 동요에도 불구하고 창조적이고 좀더 건설적인 꿈을 가지고 소망한다면 반드시 그 소망하는 꿈대로 이루어질 것이다.

밝은 미래에 대한 소망을 가지기 위해서는 우선적으로 주님 앞에 바르게 서야 한다. 그러므로 죄를 회개하고 하나님과의 바른 관계로 정립하는 사람은 내일에 대한 소망과 기대감으로 가슴이 벅차오르는 것을 체험할 수가 있다.

성령충만으로 좌절감과 열등의식을 극복하고 능력있는 삶을 산다면 항상 밝고 아름다운 소망의 꿈을 꿀 수 있다. 영육간의 건강함을 소망하는 자는 반드시 소망대로 건강함을 얻을 것이며, 저주와 가시와 엉겅퀴가 제하여진다. 그리고 하나님의 축복과 은혜의 삶이 주어지는 건강한 신앙생활이 소망대로 이루어질 것이다.

회복된 소망의 삶이란 새롭게 변화된 소망으로 가슴 벅찬 꿈을 안고 살아가는 사람이다. 새로운 피조물로서 지난 모든 부정적인 요소를 버리고(고후 5:17) 새로운 가치관의 소망을 지니고 살아가는 사람이야말로 축복받은 소망의 삶을 살아가는 것이다.

이제 새로운 질서 안에 들어온 이상 소망을 가지고 나아가면 성취와 상급의 형태가 달라지는 것을 깨닫게 된다.

"욕된 것으로 심고 영광스러운 것으로 다시 살며 약한 것으로 심고 강한 것으로 다시 살며 육의 몸으로 심고 신령한 몸으로 다시 사나니 육의 몸이 있은즉 또 신령한 몸이 있느니라"(고전 15:43-44).

옛 가치관은 세상의 부귀와 영화와 공명이 성취 대상이지만 회복된 소망을 안고 사는 사람은 영원한 영생을 위한 믿음과 소망을 안고 살게 되므로 살아도 죽어도 오직 구세주이신 그리스도를 위하여 살아가는 삶이 된다.

아직도 새소망 가운데 있으면서도 세상적인 것에 연연하는 사람이 있다면 그는 신앙성숙이 덜된 사람이다. 새소망의 회복은 오직 하나님의 나라의 영원한 영광을 바라보며 신령한 몸을 입는 것이라 할 수 있다. 또한 이 땅의 헛된 것에 미련을 두지 않는 하늘나라의 기쁨과 영원함에 소망을 지니고 살아가는 신앙의 삶이다.

4. 회복된 사랑의 삶

하나님을 믿는다고 할 때 우리는 하나님이 나의 아버지 되심과 나는 그의 자녀됨을 믿는 것이다. 하나님 아버지와의 관계는 부모와 자식 간의 관계와 같다. 오히려 그보다 더 깊은 차원의 사랑이 배려되어 있다.

이런 관계가 악화되거나 잘못 되어진다면 바른 신앙의 삶을 살아갈 수가 없을 것이다.

하나님은 사랑이시다. 부모가 자녀를 사랑하는 그 이상의 사랑으로 우리를 사랑하시기에 하나밖에 없는 독생자 예수 그리스도를 이땅에 보내시어 대속의 은총을 베푸신 것이다. 하나님의 놀라운 사랑과 은혜로 우리는 구원받았고 죄속함을 받았다는 사실을 알게 되면, 하나님의 지극한 사랑이 오늘 나와 함께 하고 있음을 알게 된다.

"사랑하는 자들아 우리가 서로 사랑하자. 사랑은 하나님께 속한 것이니 사랑하는 자마다 하나님께로 나서 하나님을 알고 사랑하지 아니하는 자는 하나님을 알지 못하나니 이는 하나님은 사랑이심이라. 하나님의 사랑이 우리에게 이렇게 나타난 바 되었으니 하나님이 자기의 독생자를 세상에 보내심은 저로 말미암아 우리를 살리려 하심이니라. 사랑은 여기 있으니 우리가 하나님을 사랑한 것이 아니요 오직 하나님이 우리를 사랑하사 우리 죄를 위하여 화목제로 그 아들을 보내셨음이니라. 사랑하는 자들아 하나님이 이같이 우리를 사랑하셨은즉 우리도 서로 사랑하는 것이 마땅하도다. 어느 때나 하나님을 본 사람이 없으되 만일 우리가 서로 사랑하면 하나님이 우리 안에 거하시고 그의 사랑이 우리 안에 온전히 이루니라"(요일 4:7-11).

하나님의 사랑은 무한한 것이다. 이런 하나님의 사랑 안에 살아가는 우리는 한번 더 새로운 사랑의 생명을 받은 것이다.

필자가 어릴 때 아버지에게 너무나 큰 잘못을 범한 적이 있었다. 어린 마음에 원하는 것을 갖고 싶은 욕망으로 아버지의 주머니에 있는 것을 손을 대다가 들켜버린 것이다. 사랑이 많으신 아버지의 그 눈은 이 세상에서 가장 무서운 눈이었으며, 아버지의 진노는 내가 태어난 이후로 가장 무섭고 두렵게 느껴질 정도로 컸다. 하여튼 그날 죽지 않을 만큼 아버지에게 매를 맞은 것 같다.

밤에 잠을 자는데 나의 얼굴에 떨어지는 아버지의 뜨거운 눈물과 한탄섞인 아버지의 오열에 나는 가슴저린 사랑의 아픔과 희열에 평생 잊지 못하는 교훈을 받았다.

지금도 생각해보면 그보다 더 사랑하는 아들에 대한 깊은 애정과 관심이 어디 있겠는가? 말로써는 형용할 수 없는, 이보다 더 깊은 사랑으로 우리를 사랑하시는 주님을 바라볼 때 우리는 지금 사랑의 삶으로 생명을 영위하고 있다는 사실을 느끼지 않을 수가 없다.

사랑이란 상대를 편안하게 해주는 것이라 할 수가 있다. 사랑하는 아내를 편안하게 해주기 위하여, 사랑하는 남편을 위하여, 자식을 위하여, 친구를 위하여 내가 헌신하고 희생이 따른다는 것이다.

주님도 우리를 사랑하시기에 자신을 십자가 위에 제물로 바치셨다. 그러한 희생적인 사랑이 오늘 우리에게 새 생명을 부여하는 계기가 된 것이다. 누군가를 위하여 그리스도의 사랑으로 희생하고자 할 때 반드시 부활의 역사가 일어난다는 사실을 기억하자.

사랑하기 위해서 때로는 희생과 헌신, 인내가 필요하다. 사랑하기 때문에 속이 상할 수도 있으며, 힘이 들고, 고통이 가중될 수도 있다.

사랑하는 제자의 배신에도 불구하고 주님은 베드로를 향하여 사랑의 음성으로 "네가 나를 사랑하느냐?"고 세 번씩이나 물으셨다. 만일 세 번의 기회를 주지 않고 승천하셨더라면 베드로는 평생 주님을 배신했던 영혼의 아픔을 간직하고 살아야 할 것이다. 그러나 주님은 그에게 사랑의 배려를 베풀어 주셔서, 그는 과거의 모든 허물로부터 자유로워질 수가 있었다.

이처럼 베풀고 자비와 긍휼로 배려하는 마음이 그리스도의 사랑이 아니고 무엇이겠는가? 사랑은 결국 정죄하거나 판단하지 않는다. 자기의 생각과 뜻에 따라 주길 바라는 이기주의적인 것은 사랑이 아니다. 서로 편안하게 하기 위하여, 서로 배려하며, 서로를 인정하고, 신뢰하는 것이다.

어느 작가가 발간한 꽁트집에 소개된 가난한 젊은 부부의 얘기가 상당히 인상적이었다. 아기의 출산일을 남겨놓고 남편이 아내에게 물었다. "당신이 아기를 낳으면 무슨 선물을 해줄까?" 아내는 아기를 낳는 순간 장미꽃 한 송이를 꺾어다 달라고 하였다. 어느날 잠을 자는데 진통이 시작되고 해산을 하려고 한다. 그래서 급히 산부인과로 달려가서 새벽 2-3시경에 아기를 낳게 되었는데 그때 문득 아내와의 약속이 생각나서 장미꽃을 가지러 가지만 새벽에 문을 연 꽃집이 없다.

그래서 가만히 생각해 보니 자기들이 전세 들어사는 집부근에 줄장미가 밖으로 나와 있는 것을 생각하고 밤중에 가시에 찔려가며 장미를 꺾었다. 그 장미꽃을 들고 가면서 남편은 찡한 감동을 느꼈다.

아! 아내가 정말로 나를 사랑하는구나. 만약 아내가 아이를 낳는 날 이보다 더 무리한 요구를 하였더라면 형편상 해주지도 못할뿐 아니라 그로 인하여 애를 태울 것인데, 언제든지 쉽게 구할 수 있는 것을, 가서 꺾기만 하면 되는 것을 요구하다니 아내는 나를 사랑하는구나!'

감동어린 사랑의 마음을 읽을 때 우리는 고린도전서 13장에서 바울이 "사랑은 자기의 유익을 구치 않는다."고 한 것을 이해할 수가 있다.

그렇다. 사랑은 너무 요구가 많을 때 깨지는 것이다. 요구할 수 없는 것을 자꾸 요구하면 사랑이 변질되고, 변질된 사랑은 오히려 상처받기 일쑤이다.

"내가 사람의 방언과 천사의 말을 할지라도 사랑이 없으면 소리나는 구리와 울리는 꽹과리가 되고 내가 예언하는 능이 있어 모든 비밀과 모든 지식을 알고 또 산을 옮길 만한 모든 믿음이 있을지라도 사랑이 없으면 내가 아무 것도 아니요. 내가 내게 있는 모든 것으로 구제하고 또 내 몸을 불사르게 내어 줄지라도 사랑이 없으면 내게 아무 유익이 없느니라. 사랑은 오래 참고, 사랑은 온유하며, 투기하는 자가 되지 아니하며, 사랑은 자랑하지 아니하며, 교만하지 아니하며, 무례히 행치 아니하며, 자기의 유익을 구하지 아니하며, 성내지 아니하며, 악한 것을 생각지 아니하며, 불의를 기뻐하지 아니하며, 진리와 함께 기뻐하고, 모든 것을 참으며, 모든 것을 믿으며, 모든 것을 바라며, 모든 것을 견디느니라. …그런즉 믿음, 소망, 사랑 이 세 가지는 항상 있을 것인데 그 중에 제일은 사랑이라"(고전 13:1-13).

사랑하는 것만큼 어려운 것도 쉬운 것도 없다고 본다. 자기 의지로 자기 중심적인 사랑을 하면 어렵다. 그러나 주님의 사랑을 알고 성령님의 도우심에 따라 그리스도의 사랑을 하게 되면 성령이 도와주시므로 쉬워질 수밖에 없을 것이다.

병든 세상, 병든 영혼, 병든 인간을 구원하고 치유할 수 있는 것은 오직 그리스도의 사랑밖에 없다. 이제 우리는 참 사랑의 회복으로 우리의 병든 삶을 치유시켜 건강하고 밝은 신앙을 가져야 한다. 그때 때 비로소 평안과 행복함으로 주님께 영광드리는 축복의 삶이 될 것이다.

5장. 건강한 신앙의 치유방법

하나님은 우리를 치유하기 원하신다.
그분은 우리의 기도를 통하여, 믿음을 통하여, 안수를 통하여,
고백을 통하여, 예배를 통하여, 돌봄을 통하여 치유하신다.

1. 기도를 통한 치유

기도는 하나님과의 영적 교통이다. 기도는 자기를 하나님께 바치는 것이며 자신의 모든 것을 맡기는 것이다. 또한 하나님의 권능으로 충만되어 풍요한 생명의 흐름을 받는다는 것을 의미한다. 그리고 사랑이 신 하나님의 무한한 생명력이 기도자를 통하여 이웃에게 흘러들어 갈 수 있는 유일한 통로라 할 수 있다.

기도는 하나님과 의사를 소통하는 것이다. 하나님께 구하고 진심으로 우리 삶 속에 하나님의 뜻이 이루어지기를 열망할 때, 어떤 일이 일어날 것에 대하여 언급은 없더라도 우리가 하나님 안에 거하는 것이다.

하나님은 예수 안에서 자신을 나타내셨기 때문에 우리는 하나님과의 사이에 놓인 장벽을 없애서 치유의 은총을 입을 수 있게 해달라고 구한다.

예수는 우리를 치유하기를 원하신다. 우리가 기도로써 우리의 긍정적인 생각과 느낌을 다른 사람과 나누게 되면 이것은 아주 유익한 일이다.

기도는 하나님이 치유의 에너지를 내보낼 수 있도록 하는 조건을 채우는 것이다. 기도로써 하나님의 치유의 능력이 잘 통할 수 있도록 통로를 깨끗게 하기 때문이다.

한 치유 사역자는 "나는 일종의 생명이나 능력이 우리가 기도하는 모든 시간 내내 병걸린 부분으로 계속하여 부어지는 것을 보았다."고 말한다. 많은 경우에 우리는 "적시는 기도", 즉 지속적이며 열성적인 기도(눅 11:5-13, 18:1-8)가 마치 방사선이나 엑스레이 치료같은 것을 발견한다.

그래서 많은 신자들이 열성적이며 끝이 없는 기도를 통해 치유되는 경험을 하게 된다. 결국 신앙적 치유사역은 기도라고 하는 방법에 의해서 이루어지고 있는 것이다.

그동안 필자 역시 기도를 통한 치유를 꾸준히 해나가고 있는데, 특히 기도가 마음의 상처를 치료하는 데 있어서 탁월한 효과가 있음을 체험하고 있다. 어렵고 힘든 현실적 삶을 이겨나가기 위하여서는 지난 과거의 상처를 치료받고 올바른 사고와 정서를 가지고 살아야 한다.

상한 감정의 특성은 자신의 가치와 중요성을 제대로 인정하지 못하는 열등의식과 항상 애쓰고 힘쓰고 있으나 만족치 못한 죄의식을 느끼는 완전주의자, 또한 다른 사람을 너무 지나치게 의식하여 상처를 쉽게 받는 예민성으로 인한 피해의식이다. 이러한 마음의 소유자는 모든 것이 경직되어 있으며 냉랭하다.

이런 상처투성이인 내적 치유를 위하여 기도하면 성령의 위로와 격려하심의 도우심이 굳은 마음을 마치 봄눈 녹듯이 녹게 하는 것을 체험할 수 있다.

이때 기도는 어떤 형식에 의한 관념적인 기도가 아니라 상한 감정

속에 녹아 들어가는 기도를 말한다.

"이와 같이 성령도 우리 연약함을 도우시나니 우리가 마땅히 빌 바를 알지 못하나 오직 성령이 말할 수 없는 탄식으로 우리를 위하여 친히 간구하시느니라"(롬 8:26).

2. 믿음을 통한 치유

"믿음은 바라는 것들의 실상이요 보지 못하는 것들의 증거"(히 11:1)라고 성경은 정의하였다.

터너는 치유와 관련해서 믿음을 다음과 같이 정의했다.

첫째, 믿음은 신뢰하는 것이다. 믿음은 사고하는 능력이나 사랑하는 능력처럼 우리에게 주어진 능력이다.

둘째, 믿음은 인식하는 것이다. 대다수의 사람은 보는 것을 통해 살지만 시각을 넘어선 삶의 영역도 있다. 그것을 식별하기 위해서 통찰력을 사용해서 인식해야 한다. 그것이 믿음이다.

셋째, 믿음은 받아들이는 것이다. 하나님은 최상의 선물인 은혜를 사람들에게 주셨다. 하나님은 주시기를 꺼리지 않으나 사람들은 때로 받아들이기를 꺼린다. 하나님으로부터 받기 전에 하나님을 믿어야 한다. 하나님은 그가 원하는 것을 주실 수 있으며, 기꺼이 주시려고 하신다는 사실을 믿어야 한다.

믿음은 하나님이 우리에게 주시는 것을 받고자 우리의 손을 내미는 것이다. 믿음은 우리가 하나님 자신을 받아들이게 해준다. 믿음은 하나님을 신뢰하는 것이다.

힐트넌은 성도가 기도하면서 하나님의 치유 능력을 믿고, 그것에 주의하면 뚜렷한 변화가 일어날 것이라고 했다. 그리고 하나님께서 친히 자기보다는 더욱 큰 힘으로 그의 곁에서 싸워 주셨고, 현재까지도 싸우고 계시며, 앞으로도 계속 싸워주실 것을 믿을 때, 영육간의 새로운 변화가 일어나게 된다고 했다.

예수께서는 "저희가 믿지 않음을 인하여 거기서 많은 능력을 행치 아니하시니라"(마 13:58)고 말씀하셨다. 곧 믿음이 없이는 능력이 나타나지 않는다는 말씀이다.

결국 믿음은 전적 신뢰이며, 의사에게 몸을 맡기듯이 확신하는 것이다. 또한 인식하며 받아들이는 것이다. 즉 하나님으로부터 받기 전에 하나님을 믿어야 하고, 하나님은 원하시는 것을 기꺼이 이루어주심을 믿어야 한다. 하나님께 우리의 손을 내밀고 신뢰할 때 그 믿음은 하나님과 바른 관계를 갖게 하며, 치유의 역사를 경험하게 될 것이다.

예수께서는 각색 병자들을 고치실 때 "네 믿음대로 될지어다"라고 하시며 믿음을 통한 치유를 강조하셨다. 그러므로 믿음으로 치유받기 위해서는 먼저 참된 믿음의 신뢰가 우선이다. 영성회복으로 신실한 믿음으로 치료받아야 하나님의 역사를 체험하게 된다.

3. 안수를 통한 치유

성경에서는 안수(만짐)의 사례가 많이 기록되어 있다.

최초의 안수는 모세가 자신의 후계자인 여호수아를 임명할 때(신 27:18) 사용하였으며, 야곱이 요셉의 아들들을 축복할 때(창 48:14)도 사용되었고, 예수님도 어린 아이들을 축복할 때(마 19:15) 사용하셨다. 또한 무리에게 축복하시기 위하여 손을 뻗는 모습, 사제의 축복 기도(레 9:22), 예수가 승천하실 때 제자들을 축복하신 것(눅 24:50) 등이 성경에 나와 있다.

또 주님은 병자들을 고치시기 위하여(눅 4:40) 안수하셨고, 문둥병자를 깨끗게 하시기 위하여 사용하셨다(막 1:41). 아나니아는 바울이 다시 시력을 찾도록 안수하였으며(행 9:12, 17), 바울은 멜리데에서 보블리오의 부친을 고칠 때 안수하였다(행 28:8).

사도행전에서 안수는 성령의 은총을 받기 위하여서(행 8:17), 선교의 임무로서 일곱 집사를 임명하기 위해서(행 6:6) 행해지기도 하였다. 바울 서신에서는 임명의 수단으로서 안수가 언급된다(딤전 4:14, 5:22).

성경이 밝히는 안수는 축복과 사명과 치유와 확신과 임명을 위하여 사용되는 것이다. 안수 그 자체는 '능력을 가진 기도'라 할 수 있다. 안수기도는 하나님의 전지 전능하신 초자연적인 힘이 전달되는 통로가 될 수 있다.

멕너트는 안수에 대하여 실험한 예로 뉴욕대학에서 간호사들이 치유를 목적으로 하는 안수의 효과에 대하여 연구한 바, 있다. 그 결과 회복능력이 안수받은 환자들이 더 증진되는 것을 알 수 있었다고 한다.

안수의 능력은 하나님의 초자연적인 능력과, 치유하는 자와, 치유받는 자의 사랑의 교제 가운데 있다고 본다. 환자들은 손을 얹고 기도하는 사람의 생명이나 혹은 에너지를 흡수하는 것이다. 이러한 방법은 환자의 몸을 원래의 생명력으로 회복시켜 주는 하나님의 은혜라 할 수 있다.

그러므로 안수는 교회를 통하여 하나님의 무한한 에너지를 이끌어 낼 수 있도록 도와주는 방법이다. 안수는 그리스도인이 하나님의 능력을 체험할 수 있도록 하는 통로이며 도구가 되는 거이다.

4. 고백을 통한 치유

회개는 내가 하나님의 말씀을 통하여 나의 죄를 발견하고 그 죄를 사하여 주시도록 하나님 앞에 나의 죄를 내어놓는 것을 본질로 삼는다.

나의 죄를 내어놓는 것이 죄의 고백이다. 죄의 고백은 고백자로 하여금 해방감을 주므로 치유가 이루어진다. 고백의 가장 핵심적인 부분은 죄이다.

창세기 3장을 보면 하나님은 아담과 하와에게 평안과 안정을 주었다. 그러나 스스로 죄의 올무에 걸려 범죄함으로 자유함을 잃어버리고 불안과 두려움에 쌓여서 병든 인간으로 살아가지 않으면 안되게 되었다.

그런 우리는 죄중에 태어났고 죄가운데 살고 있으며, 죄짓지 않고서는 살아갈 수가 없다. 그러므로 모든 죄의 근원은 나 자신이다. 나 자신의 죄를 타인에게 책임전가해서는 안된다.

로마서 7장에서도 사도 바울은 내가 원하는 것을 하지 않고 도리어 미워하는 것을 하고 있다고 고백한다.

나 자신이 죄를 짓지 않을 수 없으므로 이러한 죄가 고백의 대상인 것이다. 그러면 고백의 대상은 누구신가 바로 하나님이시다. 나와 하나님 사이에 죄를 인정하고 긍정하는 것이 고백이다. 이러한 고백의 목적은 죄사함을 받는 것이다.

내가 고백함은 사죄를 받기 위함이다. 사죄의 약속에 의하여 고백이 이루어지는 것이다. 회개와 고백은 자신을 하나님께 향해 노출시키는 것이다. 그런데 하나님을 향하여 자기 자신을 열어제치고 나면 하늘에 계신 아버지와 은혜로운 사귐을 맺는 새로운 삶이 시작되는 것이다.

하나님을 향한 사귐의 길을 찾는 것이 고백의 핵심이다. 진정한 영적 회개나 고백은 하나님을 믿지 않았던 내가 이제 하나님을 믿고 모든 것을 의지한다고 하는 고백이다. 그러므로 고백을 거부하는 인간은 죄에 갇힌 삶을 살아갈 수밖에 없다.

죄의 힘으로는 인간을 죄의 결박에서 건져낼 수가 없다. 죄는 본래 숨어 있기를 좋아하며, 폭로되기를 싫어한다. 인간을 지배할 능력도 상실한다. 죄를 고백한 인간은 하나님의 은혜를 입고 사는 자유인이 된다. 성경에 보면 사죄의 말씀을 바탕으로 하여 하나님 앞에 고백되는 것이 은혜를 받을 수 있는 행위라고 말한다.

"만일 우리가 우리의 죄를 자백하면 저는 미쁘시고 의로우사 우리 죄를 사랑하시며 모든 불의 우리를 깨끗게 하실 것이요"(요일 1:9).

모든 삶의 고뇌는 예수의 사죄를 통해서만 진정될 수 있는 것이다. 사죄는 그 자체가 온전한 것이다. 사죄는 모든 인간적인 중재를 거부하는 자유로운 은혜의 역사이다.

5. 예배를 통한 치유

예배라는 말은 가치가 있는 것을 의미한다. 예수의 이름으로 교인들이 모인다는 것은 이미 어떤 일이 일어나고 있다는 것을 의미한다. 모든 예배의식 속에서는 누군가에게 어떤 종류의 치유가 일어난다. 사람들이 성도의 교제를 통하여 외로움이 치유된다.

특히 하나님의 말씀이 선포될 때 새로운 희망과 소망이 마음 속에 싹트고, 그로 인하여 절망과 슬픔이 치유된다. 용서받은 사람이 용서할 수 있게 되었을 때 실망한 영혼은 치유되어 살아난다. 하나님은 인생의 사소한 일까지 처리해 줄만큼 위대하시다는 것을 깨달았을 때 근심 걱정은 치유된다. 예배를 통해서 진정으로 갇히는 것을 발견할 때 돈에 대한 강박관념으로부터 치유된다.

이런 내적인 공포, 불안, 초조, 감정적 장애, 잘못된 태도가 많은 질병의 원인이 된다면 사람들이 예배시간에 때때로 따뜻한 빛이 온 몸에 흐르고, 영적 육적으로 온전해짐을 발견했다고 고백할 때, 놀랄 것은 없다. 사람들은 예배를 통하여 하나님을 찾게 된다.

인간은 하나님의 위엄과 사랑과 지혜와 권능 속에서 하나님을 발견

한다. 그러므로 예배를 통해서 우리의 삶을 열어놓고 깨끗함과 치유의 능력을 가져오는 성령의 파도를 받아들여야 한다.

템플은 "예배하는 것은 하나님의 거룩성으로서 양심을 자극하는 것이며 하나님의 진실하심으로 마음을 채우는 것이다. 하나님의 아름다움으로 생각을 정화시키는 것이고 하나님의 사랑에 대하여 마음을 열어놓는 것이다. 또한 하나님의 뜻에 내 뜻을 굴복시키는 것이다. 이 모든 것들은 이기심으로부터 깨끗해진 감정 안에서 집중되는 것이다. 왜냐하면 경배야말로 모든 감정 중에서 가장 자기 자신을 배제하는 것이기 때문이다."라고 말한다.

예배를 치료적 가치로서만 평가해서는 안되지만 신령한 예배를 통해서 많은 질병이 물러가고 성도들이 치료받았다는 사실은 널리 인식되어져야 한다. 예배의식의 모든 부분이 하나님과의 새로운 관계를 맺게 해준다. 그래서 자연히 치유의 능력이 나타난다. 또한 성찬 예식을 통하여 치유가 일어난다.

예수의 몸과 예수의 피가 내 몸에 흐른다면 연합이 일어나게 된다. 주님과 한 몸인 것을 인식하게 된다. 그래서 인간은 죄의식에서 육체와 영혼까지도 치유가 되는 것이다.

6. 돌봄을 통한 치유

사람들은 일상의 삶의 과정이 깨져버릴 때 생존하기 위해서 도움을 요청한다. 인간의 생존은 상호 의존 욕구의 인식에 활기를 불어넣는 투자들을 전제한다.

돌보는 것은 상처를 입고 도움을 요청하거나 전인적 인격 완성을 추구하려는 사람들에게 주는 응답이라고 말할 수 있다. 또한 그런 자들을 위한 투자라고 할 수 있다.

돌봄은 개인이나 집단(그룹)이 다른 사람이나 그 단체를 위해서 관심어린 자세와 도움을 주는 행위를 의미한다.

기독교적 돌봄은 하나님의 사랑을 이해하고, 인간의 존엄성을 인식하며 인생의 중요성을 깨닫고 투자의 위험성을 전제할 때에 그 의미를 찾을 수 있다.

돌봄은 아가페의 사랑 위에 세워지고 그 사랑에 의하여 움직여지는 것이다. 돌봄은 타인의 존재 모든 것을 소중히 여겨 바로 그 사람을 위하여 기꺼이 행동하고자 하는 근본적인 능력이다.

돌봄은 인간으로서 개인의 독특성을 재강조해 준다. 한 개인의 지

속적인 정체성 유지, 자기 완성의 가능성, 타인을 위한 행동의 민감
성 등은 돌봄에 의하여 더욱 안전해지고 확정된다. 그리스도인들이
돌봄의 사역에 동참하는 것은 하나님을 향한 그리스도인들의 충성 때
문이다. 즉 모든 하나님의 사람들은 하나님으로부터 인간을 돌보도록
부름을 받고 있는 것이다.

6장. 건강한 신앙의 치유은사

올바른 신앙적 치유은사는 자연적인 인간의 방법을 떠나서
하나님께서 병을 고치시고, 건강을 회복케 하시는
사랑의 중재자로서 하는 역량이다.
그러므로 믿음의 하나님께 맡긴 가운데 이루어지는
신앙적 치유가 되어야 한다.

1. 치유은사의 정의와 목적

은사라는 단어는 성경의 카리스마를 번역한 것으로서 카리조마이 (선사하다)에서 파생한 것이다. 따라서 은사는 하나님께서 그리스도 인에게 값없이 은혜로 주신 선물이다. 결국 은혜의 선물이라고 뜻하는 것이 좋을 듯 하다.

베드로전서 4장 10절 말씀을 제외한 나머지는 사도 바울에 의해서 사용되는데 모두 16번이나 사용된다. 바울은 은사라는 단어를 사용할 때 영적 지도자만 받을 수 있는 특별한 것으로 사용하지 않는다. 오히려 믿는 그리스도인이라면 누구나 성령을 통하여 거저 받을 수 있다는 것을 말하고 있다.

은사란 어떤 특별한 현상만을 가리키는 것이 아니다. 하나님이 그리스도인들에게 다양하게 베풀어 주시는 선물이다. 성령의 은사는 그 자체를 위한 것이라기 보다는 그리스도의 몸된 교회를 섬기기 위한 방편의 선물이라 할 수 있다.

그러므로 은사는 그 자체의 목적을 가진 것이 아니라 교회를 통하여 앞당겨 일어나는 하나님의 나라를 위한 봉사에 그 목적을 가지고 있다.

신약성경에서는 성령의 은사는 언제나 공동체를 위한 봉사와 결부되어 있고 공동체와의 관계 속에서 언급되고 있다.

그러므로 교회를 통하여 치유복음과 함께 건전하게 그리스도의 사랑으로 치유에 임하여야만 올바른 치유은사를 사용하는 것이라 할 수 있겠다.

2. 올바른 신앙의 치유은사

치유은사는 성령의 능력은사 중 하나이다. 성경에는 병고침(신유)의 예가 수없이 많이 나타나고 있으며 교회의 역사를 통해서도 많이 기록되고 있다.

예수님 역시 치유사역이 사역의 절반이 넘듯이 모든 복음의 기초가 치유의 메시지라 할 수가 있다.

치유은사의 종류는 다양하나 여러 종류의 방법이 있다. 이는 개개인 특성과 그 인격을 들어 쓰시므로 갖고 있는 다양한 정보와 지식과 경험을 토대로 성장한다고 보아야 할 것이다.

특히 그리스도인으로서 개개인 자신에게 치유의 능력에 대한 유무를 논하기 전에 모든 그리스도인 안에 있는 자신의 잠재능력을 성장시키고 성숙시키는 일에 열정을 쏟아서 개발하고 증가시키는 일에 기도해야 할 것이다.

올바른 신앙적 치유은사는 자연적인 인간의 방법을 떠나서 하나님께서 병을 고치시고, 건강을 회복케 하시는 사랑의 중재자로서 봉사하는 역량이라고 본다. 그러므로 믿음으로 하나님께 맡긴 가운데 이루어지는 신앙적 치유가 되어야 한다.

고린도전서 12장에 보면 이 은사를 지지하기 위해 그리스도인들에게 필요한 영적 선물을 많이 주셨는데, 이는 하나님께서 주신 능력을 더욱 개발하여 인간이 겪는 모든 종류의 고통을 사랑으로 덜어 주어야 함을 의미한다. 고린도전서 12장 28절에 신유의 은사들이라고 복수형으로 되어 있는 것도 그 때문이다.

신유의 은사를 육체적인 질병에만 국한시키는 것은 옳지 않다. 신유의 은사는 정신적, 정서적, 영적인 병을 고치는 전인적 치유라 할 수 있다.

특히 육적인 현대병(암, 당뇨, 고혈압 같은 성인병)들도 많이 있지만, 질병을 일으키는 근본적인 원인은 대부분 상한 심령에 의하여 생긴다.

이런 내적인 상처로 생긴 질병은 인간의 마음에서 평안을 빼앗고 기쁨을 없앤다. 또한 인간의 생명을 위축시키고, 생활이 파괴되고, 믿음이 위축된다. 믿음이 짓밟히니 마음의 소망도 사라진다. 삶의 의욕도 잃어버리니 모든 삶이 무기력하고 허무하여 살고 싶은 마음마저도 사라진다.

내적 상처를 입으면 네 가지 현상이 나타난다.

첫째, 두려운 마음이다. 우리의 감정에 상처를 받게 되면 두려운 마음이 생겨 불안, 염려가 따른다.

둘째, 분노심이다. 공연히 미워지기도 하고 시기, 질투, 반항, 분노심이 오게 된다.

셋째, 실패의 감정이다. 좌절감과 열등의식과 실망과 죄책감을 가지게 된다.

넷째, 교만한 마음이다. 편견과 이기심과 만용과 자만심이 생기기 쉽다는 것이다.

이럴 때 신앙적으로 영적 문제를 해결시키고 죄를 회개하면 치유가 되는 것을 알 수 있다.

이 세상에 상한 심령과 감정의 상처를 치유시킬 방법은 오직 예수 그리스도의 사랑을 인한 전인적 사랑의 치유이다. 이것은 병든 인간을 완벽하게 회복시켜 줄 수 있는 방법이다.

신앙적 치유은사란 주님이 우리에게 향하신 사랑의 마음이다. 그리스도의 마음은 곧 사랑 그 자체이다. 병든 우리를 불쌍히 여기시고 치료해 주고자 하는 긍휼과 자비와 용서와 사랑없이는 건강한 신앙적 치유가 일어나지 않는다. 또한 올바른 치유은사가 이루어지지 않는다.

오직 선한 사마리아인처럼 이웃을 사랑으로 돕고자 하는 마음의 바탕과 이웃의 아픔과 고통의 신음을 함께 나눌 수 있는 따스한 가슴과, 그것을 볼 수 있는 눈과, 들을 수 있는 귀가 열려 있을 때 그리스도의 사랑하는 마음의 전달로 치유할 수가 있다.

오늘 이 시대는 사랑의 홍수시대에 살고 있지만 진실된 사랑과 참된 사랑은 오직 하나님의 사랑만이 있을 뿐이다.

아마도 우리 인간의 욕구 중에 가장 근원적인 욕구는 사랑일 것이다. 그래서 인간의 표현 중에 사랑의 표현처럼 아름다운 것은 없다.

왜 우울하고, 외롭고, 고독할까? 왜 불안하고 두려운가? 그것은 그리스도의 사랑이 없기 때문이다. 왜 불행하고, 고통스럽고, 사는 것이 힘든가? 그것은 그리스도의 사랑을 잃어버렸기 때문이다.

오늘 우리는 사랑의 기근에 허덕이고 있다. 모두가 너무 냉정하게 살려고 하고 모두가 너무 날카로운 이성을 앞세우고 살다보니 우리의 가슴은 차거워질대로 차거워지고 냉랭해졌다. 오늘날 많은 사람들이 사랑에 굶주리고, 삶에 쫓기며, 상처투성이인 마음을 치료받지 못하여 방황하고 있는 것이다.

이것을 치료하는 방법은 신앙적 치유밖에 없다. 믿음으로 사랑이신 하나님을 섬기며 하나님의 용서와 자비와 긍휼에 우리의 모든 것을 맡겨 나갈 때 주권자이신 하나님이 나를 주관해 주신다. 그리고 우리를 도와주시며 병든 우리를 치료해 주시리라 믿는다.

그러므로 신유의 은사는 어떤 사람에게 병을 물리치는 초자연적인 능력을 주는 것이 아니다. 신유의 은사를 가진 사람은 하나님께서 사용하시는 통로에 불과하다. 하나님께서 고치시기를 원할 때 하나님은 그 사람을 통해서 사랑으로 역사를 나타내는 것이다.

모든 것은 하나님의 긍휼과 자비와 사랑의 역사 안에서 이루어지고 있는 은혜라 할 수 있다. 그러므로 하나님께 감사로 영광을 돌려야 한다.

신유는 하나님의 일이므로 항상 일어날 수 있다. 그러므로 신유는 하나님의 뜻과 하나님 나라를 향하는 것이어야 하며 그리스도의 사랑이 증거되어야 한다. 그럴 때 올바른 신앙의 치유은사라고 정의할 수가 있는 것이다.

3. 치유의 은사를 부정하는 견해

이적적인 치유, 귀신을 쫓는 일, 방언으로 말하는 것들을 부정하는 견해가 있다.

쫀스는 이러한 견해를 세 가지로 분류한다.

첫째, 단지 그러한 주제를 싫어한다. 이러한 현상은 심리적인 것으로 심지어는 악한 것으로 여긴다.

둘째, 그들은 자연법칙이 이적을 만들어 내는 것은 불가능하다는 것이다.

셋째, 성경적이라는 그룹들의 견해이다. 이들은 이적에 거의 관심을 두지 않는 사람들이다.

그들은 모든 영적인 표적은 사도시대에 끝났다는 관점에서 생각하는 무리들이다.

힐은 "하나님의 말씀에 어긋나는 잘못된 개념이 치유의 장애가 된다"고 지적하였다.

그 잘못된 개념들을 열거하면 다음과 같다.

(1) 하나님의 영광을 위하여라는 개념이다.

그들이 병을 앓는 것이 하나님의 영광을 위한 것이라는 것 때문에 병을 고치지 못한다. 병 자체는 하나님께 영광이 될 수 없다. 병을 치유함으로써 영광이 하나님께 돌려지게 되는 것이다.

(2) 고난의 개념이다.

베드로전서 5장 10절의 고난을 질병에 국한시켜 질병의 고난을 향해 우리를 온전케 한다고 많은 사람이 해석한다. 그러나 여기에서의 고난은 박해를 말하며 박해받는 성도들에게 보낸 서신(벧전 4:12-너희를 시련하려고 오는 불시험을 이상히 여기지 말고)인 것이다.

(3) 치유에 대한 비판이다.

예수께서 고향에서 말씀을 전하시고 병자를 고치실 때 소수의 사람들만이 고침을 받았는데 그 이유는 그들이 예수의 치유 사역을 비판하고 받아들이지 않았기 때문이다.

(4) 만약 당신의 뜻이라면 개념이다.

이는 기도에 대한 불확신이다. 하나님은 이미 모든 질병을 고치시기를 원하신다.

그리고 예수께서는 우리의 모든 질병의 고통을 담당하시고 우리 모두가 고침받고 죄사함 받기를 원하신다(시 103:3).

(5) 육체의 가시에 대한 개념이다.

　육체의 가시라는 표현은 질병에 사용되지 않고 사탄의 사자라고 했다(고후 12:7). 여기에서 사자는 질병이 아니라 바울을 괴롭히는 박해자들로 본다. 어떤 사람들은 이를 안질이나 간질로 해석하면서 바울도 기도했지만 낫지 못한 병이 있는 것을 강조한다. 그러나 이것은 분명 무리한 해석인 것이다.

4. 치유 사역이 사라쳐 가는 이유

현대 교회에서 치유 사역이 일반적으로 무시되고 있으며 심지어 사라지고 있는 실정이다. 한국의 교회들도 처음에는 대다수가 성령은 받으라고 하면서도 치유(신유)에 대해서는 부정적이었다. 그러다가 1980년대부터 성령화의 물결을 타고 이제는 많은 교회에서 긍정적인 반응을 보이지만 아직도 목회에 있어서 전인적인 치유사역이 크게 뿌리내리지 못하고 있다.

바클레이는 교회 안에서 치유 사역이 잊혀져 가는 이유를 세 가지로 분석한다.

(1) 초기 교회의 흥분과 기대감이 사라졌기 때문이다.

교회는 영원히 흥분된 상태에 있을 수는 없었다.

교인들은 일상생활을 해야 했다. 교인들이 더 이상 놀라운 일을 기대하지 않았다.

그래서 기적이 기대되지 않았고 치유의 기적은 사라졌다는 것이다.

(2) 교회가 성장하면서 제도화되었기 때문이다.

원래 교회는 조직이 아니었다. 사도들은 복음을 선포하였고, 교회의 지도자들을 세워서 교회를 이끌게 했다. 세월이 지남에 따라 교회가 제도화되어 졌는데 부정적인 면으로 경직화되었다. 그래서 성령의 은사를 행하는 사람들의 활동영역이 사라져 갔다. 제도가 하나님의 역사를 제한시키고 묶어버린 결과가 되었다.

(3) 교회가 세속화되었기 때문이다.

교회가 보이지 않는 영적 세계의 충만한 능력과 직접적이고 지속적인 관계를 유지해 오지 않았기 때문에 치유 사역은 갈수록 희미해져 버렸다. 그러나 지금도 역사하시고 날마다 우리를 치료하시는 하나님을 바라볼 때 건강한 신앙으로 살아계신 하나님을 증거하는 역사가 일어날 것이다.

치유은사는 절대로 의학적인 것을 부정하지 않는다. 많은 그리스도인들이 이런 혼돈 속에 기도를 받게 되면 약을 끊고 의학적인 것을 철저하게 배제하는 경향이 있는데 그것은 잘못된 생각이다.

우리가 병을 고치려면 의사를 신뢰하고 그의 처방과 지시대로 순종해야 한다.

그러므로 치유는 하나님께 나를 맡기고 온전히 신뢰하는 믿음이 밑바탕에 깔려야 하므로 하나님보다 다른 것에 의존하는 것을 버리라는 의미이다.

그런데 마치 병원이냐, 기도원이냐, 수술이냐, 안수기도냐 하는 식의 잘못된 인식으로 의료행위 자체를 부정하고 토속적인 신앙과 결부

된 이상한 미신같은 치료로 인식하고 있으므로 바른 치유가 일어나지 않는다.

하나님께 진정으로 치유받고자 하는 마음이 있다면 마음으로 먼저 강한 믿음의 결단과 치유받을 수 있는 마음이 전달되는 참된 기도가 있어야 한다. 의례적이고 형식적인 기도로는 응답받을 수 없음을 스스로 자각하여 마음을 찢는 기도를 올려야 할 것이다.

그러면 마음을 찢는 기도는 어떤 것일까? 자신의 능력만을 과신하며, 자기 자신을 의지하여 살아갈 때는 아무래도 하나님의 능력과 기도의 힘에 대하여 별 관심을 기울이지 않을 것이라 본다. 그러나 환난이나 질병에 놓여 능력의 한계점을 절감할 때 하나님의 존재를 느끼게 되고 기도의 힘에 의지하게 된다.

"환난 날에 나를 부르라. 내가 너를 건지리니 네가 나를 영화롭게 하리로다"(시 50:15).

응답받기 위하여서는 회개의 기도가 먼저 올라가야 하겠다. 모든 일에 하나님 앞에 자성하는 마음으로 자신의 죄에 대한 올바른 태도는 진실한 회개의 태도가 앞서야 할 것이다.

요엘 2장 13절 말씀을 보면 "너희는 옷을 찢지 말고 마음을 찢고 너희 하나님 여호와께로 돌아올찌어다. 그는 은혜로우시며 자비로우시며 노하기를 더디하시며 인애가 크시사 뜻을 돌이켜 재앙을 내리지 아니하시나니"라고 했다.

삶의 고통과 문제에 처했을 때 먼저 마음을 찢으며 회개의 기도가 진실로 올라가면 하나님은 우리를 긍휼히 여기시고 우리의 기도를 들어주시는 것을 알 수 있다.

눈물만 흘리고 내일이면 변하는 입술로만 하는 헛된 고백이 아니라 행위에 있어서 변화가 있는 기도가 되어야 한다.

나를 과신하고 나의 능력에 의지하였던 힘이 사라질 때가 바로 하나님이 주관하시고 역사하실 때이다.

회개란 곧 자신의 잘못된 삶에서 되돌아서는 것이다. 마음을 찢으며 죄악의 길을 버리고 인간적인 나의 생각, 나의 뜻, 나의 자아를 몽땅 버리고 하나님 앞에 엎드리는 것이 참된 회개가 아니고 무엇이겠는가?

그러므로 가슴을 찢는 기도란 회개와 아울러 정성과 최선을 다하는 기도라고 할 수 있다. 다시 말하여 옷을 찢는다는 것은 겉모습의 형식적인 기도를 말하는 것이고, 가슴을 찢는다는 것은 온 혼신의 힘으로 정성과 최선을 다하는 기도를 말하는 것이다.

"너는 옷을 찢지 말고 마음을 찢고 너희 하나님 여호와께로 돌아올지어다."

하나님은 형식적이고 의례적인 기도를 원하지 않는 하나님은 머리로 중언부언하는 기도를 원치 않는다. 하나님은 뜨거운 마음 뜨거운 가슴으로 하는 기도를 원하고 계시다.

"그러므로 내가 너희에게 말하노니 무엇이든지 기도하고 구한 것은 받은 줄로 믿으라. 그리하면 너희에게 그대로 되리라"(막 11:24).

"진실로 다시 너희에게 이르노니 너희중에 두 사람이 땅에서 합심하여 무엇이든지 구하면 하늘에 계신 네 아버지께서 저희를 위하여 이루게 하시리라"(마 18:19-20).

세상 일도 마찬가지이지만 최선을 다한 자가 열매를 맺듯이 하나님 앞에 최선을 다하여 기도하는 자가 응답받는다.

"너는 내게 부르짖으라. 내가 네게 응답하겠고 네가 알지 못하는 크고 비밀한 일을 네게 보이리라"(렘 33:3).

병원치료든 약물치료든 안수기도든지 모두가 하나님의 은혜 가운데 치료된다. 이것을 아는 사람은 하나님께 최선을 다하여 회개한다. 애절한 기도의 능력이 무엇을 통하든지 하나님이 은혜로 축복하며 응답해 주실 것이다.

우리는 치료에 있어서 본질과 수단을 혼동하지 말아야 한다. 어떤 수단을 사용하든 치료의 근원이신 하나님(출 15:26)을 신뢰하는 믿음이 중요하다. 이런 믿음과 기본적인 신뢰와 기도가 전제되지 않기 때문에 치유사역은 점차 빛을 잃고 퇴보되어 가고 있다.

7장. 건강한 신앙을 위한 영성상담

영성적 상담은 너무나 중요하다.
우리를 가장 잘 알고 계시는 하나님의 방법대로 수용하면
상처입은 영혼의 치료는 물론이고,
삶에 새로운 희망과 위로를 가져다주는
놀라운 능력의 상담이 될 수가 있기 때문이다.

1. 영성 상담의 중요성

(1) 건강한 신앙을 위한 상담의 중요성

우리가 살아가는 세상은 정보화 시대이다. 우리는 눈뜨기 무섭게 변화되는 현실을 맞이하며 살고 있다. 다양한 정보와 삶을 편리케 하는 문명이 놀랍게도 발전되었지만 인간성의 근본적인 문제는 조금도 개선되지 않고 오히려 더욱 더 위기의 삶에 놓여 있다.

겉보기에는 세상이 발전되어서 모든 삶이 편리하고 행복해 보이지만 막상 인간의 내면을 들여다보면 부부문제, 자녀문제, 건강문제, 생활문제 등등 수많은 삶의 문제로 고통과 괴로움을 겪고 있는 실정이다.

이런 인간성의 문제를 발달된 문명이나 인간의 지식이, 정보화된 사회가 해결할 수가 없다. 목회생활 중 필자는 이런 문제로 절망하는 많은 이들과 상담을 하면서 나 스스로도 한계에 부딪히지 않을 수 없었다.

인간의 문제는 인간을 창조하신 하나님 한 분만이 완벽하게 해결할 수 있다고 본다. 그래서 절망과 불안과 두려움에 서있는 그들의 손을 붙들고 기도하면서 하나님 말씀 가운데서 영성적으로 그 해답을 구하고 위로하였다. 격려와 아울러 그들에게 소망을 심어주는 상담을 하였을 때 그들의 모든 문제가 해결되는 역사를 체험하게 되었으므로 영성 상담의 중요성을 느끼지 않을 수 없다.

영성적 상담은 너무나 중요하다. 우리를 가장 잘 알고 계시는 하나님의 방법대로 수용하면 상처입은 영혼의 치료는 물론이고, 삶에 새로운 희망과 위로를 가져다주는 놀라운 능력의 상담이 될 수가 있기 때문이다.

주님은 우리의 가장 완벽한 영적 상담자이시며 우리의 문제를 해결해주시고 도와주시는 선한 목자이시다.

선한 목자는 아흔아홉 마리의 양을 남겨두고 두려움과 불안에 떨고 있는 길 잃은 양 한 마리를 찾아 나선다. 하나님은 오늘도 우리의 방황과 절망에 주저앉은 모습을 보기를 원치 않으시므로 사역자를 통하여 사랑과 긍휼과 자비로 우리를 찾아 나서신다.

우리는 이런 주님의 관심 속에 돕기를 원하는 영성상담의 깊은 중요성을 느끼고 모든 것을 주님께 의지하여 해결의 방법을 찾아야 할 것이다.

영성상담은 결국 인간을 새롭게 변화시킬 뿐 아니라 피상담자의 문제해결과 더불어 인격을 완성시켜 그리스도의 모습을 닮아갈 수 있도록 도움을 줄 수 있는 중요한 상담이라고 할 수 있다.

영성훈련으로 영적 성장을 이룬 신앙인이라면 고통과 절망에 놓인 사람들을 위하여 상담을 해줄 수 있다. 이러한 사역으로 하나님께 영광돌리는 귀한 주의 사역자로서 그 사명감을 감당할 때 하늘의 상급이 있으리라 본다.

주님이 이땅에서 행하신 사역 세 가지 특색을 살펴보더라도 상담을 통한 치유사역이 거의 차지하고 있다. 주님은 가르치는 사역(Teaching ministry), 일깨우는 사역(Preaching minstry), 치유하는 사역(Healing minstry)을 하였다. 즉 영적 치유, 혼적 치유, 육신 치유, 악령 축출을 하셨다.

위와 같은 방법으로 주님처럼 상담을 통하여 가르치고, 일깨우며, 치유하는 사역으로 행할 때 완벽한 영성상담이 될 것이다.

(2) 피상담자는 누구를 찾아가는가?

문제가 생기면 사람들은 제일 먼저 가장 가까운 사람에게 요청을 하게 되지만, 사실 어려울 때 전적으로 나서서 도와줄 수 있는 사람이 많지 않다. 특히 곤란하고 고통이 심할 때는 부모 형제도 도움을 주지 못하는 경우가 있으며, 가까운 친구조차도 도움이 될 수 없을 때가 허다하다.

답답하고 문제로 인하여 급할 때, 그들은 문제를 가지고 누구를 찾아가는가?

첫째, 가장 가까운 사람이라고 느끼는 사람에게 문제를 가져간다.

둘째, 자기가 존경하고 평소 몇 번 접촉이 있거나 알고 있는 사람에게 문제를 가져간다.

셋째, 상담에 관심있는 자에게 도움을 구한다.

넷째, 자기보다 유능한 자에게 상담을 하러간다.

다섯째, 하나님을 잘 알고 도와줄 수 있는 영적 지도자에게 상담하러 간다.

이와 같은 순서로 상담자를 찾게 되는 피상담자는 문제가 있기 때문에 오는 것이므로 문제를 해결하고 도와줄 수 있는 능력과 지혜를 가진 상담자를 원한다. 영성적 상담은 성경적 상담이 되어야 하므로 주께서 그 주체가 되어야 하는 것이 당연할 것이다.

우리 인간은 한계 상황이라는 것이 있어서 그 한계점에 도달하게 되면 그때서야 자신의 수단과 방법을 버리고 그 문제를 초월하기 위한 수단으로 하나님을 찾게 된다. 이런 우리의 마음을 이미 감찰하시는 분이 하나님이시다.

이미 이전의 것도 아시고, 이후에 일어날 일까지도 아시는 그분의 전지전능성 앞에 우리가 할 일을 맡기는 것이다. 우리 속에 말씀이 풍성하게 거하여 감사가 삶 속에 끊이지 않게 하는 것이 기독교 상담의 중요한 목적이다.

피상담자는 영적 능력과 하나님의 성품과 인격을 갖춘 상담자를 좋아한다.

(3) 영성상담의 필요성

물질 문명의 발전은 오히려 현대인들에게 가치관의 혼란과 소외감과 허무감을 심어주어 깊은 좌절감에 빠지게 되는 것을 앞에서 설명한 바 있다.

이런 우리는 삶의 방향을 정립하지 못하여 내적 갈등과 삶의 수많은 문제로 고통 가운데 있음을 알 수 있다.

정신적 심리치료가 많이 발달되어 있으나 의학에 의한 심리치료법이 결국 상실한 인간성까지 회복해 줄 수는 없다. 이런 원인으로 심리학과 신학이 함께 어울려져 지금 미국에서는 영성상담을 병원에서 따로 시행하고 있는 실정이다.

정신적인 장애를 가지고 살아가는 사람들에게 그 장애의 근원적인 심리치료가 무엇보다 필요하다. 그러나 부패한 죄성으로 인간성 상실을 한 사람들에게 근본적인 치료는 영성회복 뿐이다.

이런 점에서 정신적 치료에도 도움이 되고, 또 마음의 상처를 받고 고통 가운데 있는 심리적 안정에도 영성이 큰 심적 자원이 된다.

특히 목회자가 가지고 있는 영성적인 영역중 설교, 심방, 교육, 전도 등은 상담과 깊은 관계를 갖고 있다 하여도 과언이 아니다.

따라서 영성적 상담은 인간관계를 새롭게 변화시킬 수 있으며, 상한 마음의 치료뿐 아니라 삶의 가치관 정립 등 잃어버린 인간성 회복을 통하여 인간관계를 긍정적이고 발전적이고 창조적으로 유도한다. 그래서 더 나은 삶으로 부요케 하는 풍요로운 삶의 촉진제 역할을 하므로 절실히 필요한 것이다.

2. 영성 상담의 적용과 실제

(1) 상담자와 피상담자의 관계

상담은 인격변화에 이르게 하는 두 사람 사이의 깊은 이해라고 할 수 있을 것이다. 미국의 상담심리학자 존슨(P. Jhonson)은 "상담은 성장하는 책임과 정서적 이해의 방법으로 어려운 문제를 해결하려는 요구에서 생기는 반응적인 상호관계"라고 하였다.

영적 상담이란 상담자 자신 스스로가 문제 해결을 할 수 있도록 돕는 과정으로서 자기가 해결하려는 능력을 갖도록 영성적 받침으로 도우는 것이다.

사람이 사는 곳이라면 누구에게나 상담은 필연적으로 요구되는 현실이기에 이 분야는 광범위할 뿐 아니라 현실적으로 요구되고 있는 상황이다.

인간의 다양한 욕구와 문제를 해결하기 위해서 문제를 해결하는 방법론과 기술이 다양하게 개발되어 왔다. 하지만 인간의 문제를 완벽하게 해결해 주실 분은 오직 하나님 한 분밖에 없다는 사실을 영적 상담의 체험에서 알 수가 있다.

하나님이 우리를 창조하시고 그분이 우리를 주관하신다고 할 때 우리는 모든 문제를 하나님께 맡길 수밖에 없다. 창조하신 분이시기에 우리를 잘 아는 것은 당연한 일이 아니겠는가?

그러므로 영적 상담은 그 분은 창조주이시고 우리는 피조물이라는 기본틀 안에서 시작해야 할 것이다.

사실 인간이 고도로 발전한 문명과 지식으로도 해결하지 못하는 문제들이 너무나 많으며, 우리가 할 수 있는 일이란 아주 제한되어 있다는 것을 알게 되면 우리는 그 분 앞에 먼지만큼 무기력한 피조물이다.

이런 우리가 우리의 수단과 방법에 의존하여 살아가겠다는 것은 참으로 어리석은 일이다. 우리를 완벽하게 아시는 그분에게 맡기며 그분의 창조적 능력 안에서 피상담자와 상담이 시작되어야 하겠다.

영적 상담은 문제를 해결하는 상담이 아니고 근본적으로 원인을 제거하는 상담이라고 할 수 있다.

그러므로 그 주제는 상담자가 아니라 하나님이시며 상담자를 통하여 역사하시는 하나님이시다.

상담자는 오직 하나님의 도구에 불과하다. 상담자는 하나님께 도움을 받아 피상담자를 돕는 것이 기독교 상담의 원리이다.

상담자는 하나님께 쓰임을 받는 도구로서 그 근거는 믿음이다. 믿음이 없는 상담자는 그 역할을 제대로 수행할 수가 없을 것이다.

영성적 상담의 중심은 예수 그리스도의 중심 상담이 되어야 한다. 자기 중심 내지 자기 지식을 가지고 하는 상담은 기독교적 상담이 아니라 세속적 상담이 된다.

오직 예수중심, 말씀중심, 성령의 인도하심의 상담이 기독교의 영성적인 상담이다.

불꽃같은 눈으로 감찰하시는 이가 하나님 이시므로 하나님 앞에는 비밀이 있을 수가 없다. 그러므로 피상담자는 마음 속에 있는 모든 것들을 간직하고 고통받을 것이 아니라 내어놓고 기도하며 회개해야 한다. 그 때 그 영이 밝아지므로 마음이 밝아지고, 또 삶이 밝아지므로 육신적인 평안을 누리게 된다. 이렇게 하여 모든 내적인 고통과 질병을 치유받을 수가 있는 것이다.

"모든 성경은 하나님의 감동으로 된 것으로 교훈과 책망과 바르게 함과 의로 교육하기에 유익하니 이는 하나님의 사람으로 온전케 하며 모든 선한 일을 온전케 하려 함이니라"(딤후 3:16-17).

피상담자와 상담하는 방법은 다음과 같다.

첫째, 피상담자의 근원적인 문제 해결방법은 하나님이 요구하시는 믿음과 삶을 성경에서 찾아서 상담한다(원인 발견).

둘째, 문제와 근접하는 성경 말씀을 찾아 죄를 알게 하고 피상담자가 회개를 할 수 있도록 한다(권면).

셋째, 영성회복을 통하여 하나님과의 새로운 관계형성과 용서를 통하여 당하고 있는 곤경에서 벗어나게 한다. 상담자는 피상담자를 도와서 영성회복을 할 수 있도록 영적 권면과 아울러 신앙적으로 도와주어야 한다(회복단계).

넷째, 성령의 인도와 지도로 변화된 삶의 모습과 하나님의 축복하심을 중보기도로 확신을 준다(문제 해결과 원인제거).

(2) 상담의 문제들

믿는 사람이나 믿지 않는 자들이나 삶의 문제는 있기 마련이다. 그러나 믿는 자는 하나님께 맡길 수 있다는 사실 하나만 가지고서도 이미 문제의 핵심은 거의 해결된거나 다름이 없다.

삶의 문제가 많을 때를 가리켜 위기의 삶이라 지칭할 수 있다. 어떤 문제들이 삶의 위기와 마음의 평안을 깨뜨리고 고통을 주는 상담의 문제들인지 살펴보기로 하겠다.

첫째, 부부, 자녀, 교육, 결혼, 생업, 생활, 질병, 신앙, 고부간의 갈등 등의 가정문제이다.

둘째, 파산, 실패, 손실, 자금부족, 불경기 등의 사업문제이다.

셋째, 취업, 실직, 동료와 갈등, 사회불안, 각종 중독, 사고 등의 사회문제이다.

넷째, 정신질환, 성격장애, 학업, 진학, 취업, 생활태도, 반항 및 방황 등의 자녀문제이다.

(3) 상담의 방법들

상담자가 피상담자를 맞아들이는 자신의 태도에 따라 피상담자가 신뢰하고 자신의 문제를 상세히 털어놓을 수도 있을 것이다.

만약에 병원에서 의사가 환자를 히죽거리며 실없는 웃음으로 맞이하면 의사에게 자신의 생명을 맡길 수 없다. 마찬가지로 상담자는 피상담자를 맞이할 때 반드시 신중하게 맞이하여야 할 것이다.

그러기 위해서 상담자는 사소한 일에도 세심한 주의를 가지고 피상담자가 편안한 마음을 가지고 상담에 응할 수 있도록 배려하는 마음으로 준비해야 한다.

그런 의미에서 먼저 상담순서를 계획하여 피상담자를 맞아들이는 것이 중요한 것이다.

① 약속을 먼저 정한다.

피상담자에게 도움을 줄 수 있는 가치있는 상담을 하기 위해서는 서로가 충분한 시간을 배려하여 안정된 상담을 하기 위하여 확실한 상담 약속을 한다. 그렇게 되면 상담자의 신뢰도가 더욱 높이 평가될 것이다. 더 나아가 정기적인 약속을 하게 되면 시간을 효과적으로 사용할 수 있을 것이다.

② 상담을 위한 준비를 한다.

예고없이 찾아온 상담자라 할지라도 언제나 상담할 수 있는 준비가 되어 있다면 당황하지 않을 것이다.

피상담자는 항상 상담자의 바쁜 시간을 빼앗는 것이 아닐까 하는 미안한 마음을 가지고 있으므로, 상담자가 조금이라도 부담을 주거나 난감한 표정을 가지게 되면 피상담자는 마음의 죄책감으로 눈치가 보이고 어색한 행동을 보이게 된다.

그러므로 상담을 시작하기 전에 항상 준비시간을 가지고 몇 분 정도 소비하게 되면 피상담자가 마음의 안정을 찾을 수 있게 된다.

상담하는 동안은 안정감과 친밀감을 최대한으로 갖고 또 조명의 밝기가 너무 밝게 하지 않도록 한다.

상담을 하는 동안은 어떤 방해도 받지 않도록 준비해야 할 것이다. 상담 도중 핸드폰이나 전화벨이 울리게 되면 대화가 끊어지고 그로 인하여 올바른 상담을 하지 못하게 된다.

상담시에는 외부인 출입을 금지시키고 상담자 자신도 자리를 비워서는 안된다.

상담을 하기 위한 준비된 마음은 역시 기도일 것이다. 피상담자의 문제를 정확히 판단할 수 있도록 하나님께 간구하고 적합한 성경말씀을 읽는 것이 좋다.

"마음의 생각과 뜻을 감찰하시는"(히 4:12) 하나님이 유일한 능력의 근원이라는 사실을 명심하고 맡길 때 역사가 일어난다.

③ 상담을 시작한다.

상담 시작이 가장 어렵고 중요하다고 본다. 경험이 많지 않은 초보일 때는 '무슨 말부터' 시작하여야 할지 당황하기 쉽다.

마음과 마음이 통하는 진실한 인사를 나눈 뒤 곧바로 피상담자의 문제를 시작하는 것이 좋다.

엉뚱한 얘기는 문제 접근에 도움이 되지 않을 뿐 오히려 피상담자의 어색함을 지루하게 끌어나가는 불필요한 시간이 될 것이다. 바로 문제에 접근하여 파고드는 것이 오히려 피상담자가 고맙게 생각할 것이다.

상담을 하면서 좀 더 구체적인 계획을 짜 나가겠지만 처음부터 직접적으로 피상담자의 문제를 취급하면 피상담자가 우왕좌와 하는 불안한 마음을 안정시키는 효율적인 방법이 될 것이다.

④ 상담시간을 조정한다.

효과적인 시간 조정으로 피상담자의 마음에 안도감을 주어야 할 것이다.

너무 장시간의 상담은 계속 반복된 상담으로 비효과적이 될 것이다. 그리고 너무 짧은 시간은 피상담자가 충분한 시간을 할애받지 못한 아쉬움에 상담이 너무 빨리 끝났다는 생각과 아울러 상담이 잘 되지 못한 느낌을 줄 수가 있다.

항상 효과적인 시간 조정으로 정해진 시간 안에는 마음을 놓고 충

분히 자기의 문제를 두고 만족할 수 있는 상담을 했다는 느낌을 주어
야 할 것이다.

⑤ 상담결과를 기록하고 보관하여 차후 상담시 활용한다.
아무리 간단한 사례라 할지라도 상담자 자신이 기록하고 보관하는
습관을 가져야 할 것이다.
아무리 기억력이 좋다 하더라도 여러 사람을 상담하는 상담자로서
다 기억하기는 어려울 것이다.
세밀한 부분에서 혼동을 일으켜서 실수를 한 사례가 여러 번 있었
으므로 상담자의 기억에 의존하게 되면 상담 내용이 변질될 우려가
있다.
또 상담의 진행사항과 결과를 보기 위해서도 기록 보존해야 한다.
그러나 상담자는 피상담자의 상담내용을 비밀로 지켜주어야 할 의무
와 책임이 있으므로 절대로 노출시키거나 남이 볼 수 있도록 방치해
서는 안되겠다.
잘 보관하여서 피상담자의 비밀 보호를 지킬 때 많은 피상담자가
상담을 요청할 것이다.

⑥ 장기 상담을 요하는 문제는 반드시 기록철을 보고 그때마다 기
록한다.
장기 상담을 요하는 사례가 많을 것이다. 예를 들어 정신적인 것,
신앙적인 것과 같은 장기적인 상담은 그때마다 그 사람의 진행 결과
를 살펴보면서 상황에 따라서 상담을 할 때 효과적이다.
이런 피상담자를 위하여 그 상황에 맞게 기록하여서 면밀한 검토
후 진전이 보이지 않을 때는 전문가에 위임하는 것도 좋은 방법이 될

것이다.

(4) 문제의 접근 방법과 상담자의 자세

이런 문제의 근본적인 원인 제거와 해결을 위해서는 상담자 자신 스스로가 좋든 싫든간에 그 문제에 개입되어야 한다. 문제의 개입 원칙을 세워두고 상담을 하게 되면 효과적이라 할 수가 있겠다.

① 상담자의 개입원칙

첫째, 즉각적으로 개입한다. 기도해 보자는 말이 아니라 그 위기에 동참하여 서로 문제를 두고 영적으로 맺힌 것을 풀어나가는 상담방법이다.

둘째, 직접 참여로 개입한다. 상담받는 자가 올 수 있도록 편의를 제공하는 상담 방법이다.

셋째, 목표를 설정하여 그 프로그램에 따르도록 한다. 회복할 수 있는 계획과 계획대로 이끌어주는 배려가 필요한 상담 방법이다.

넷째, 소망과 사랑의 상담방법이다. 이것은 자신감을 심어주고 힘과 용기를 실어줄 수 있는 사랑의 상담방법이다.

상담(Individual Counseling)은 상담자가 피상담자의 문제에 직접 개입하여 함께 풀어나가는 것으로 시작된다.

피상담자의 애기를 통해 그의 환경과 그의 느낌, 생각, 태도, 행동 등을 우선 파악한다. 그리하여 그가 가지고 있는 문제에 접근해 올바른 길로 인도하고 지도하여 그의 문제를 제거하는 것이다.

상담시 상담자가 피상담자에게 해주어야 될 것이 있다.

첫째, 확신과 자신감을 심어주어야 한다.

둘째, 지원할 수 있어야 한다.

셋째, 평안과 기쁨을 줄 수 있어야 한다.

넷째, 문제에 적응할 수 있는 적응력을 회복시켜 주어야 한다.

상담의 중요성을 일깨워 주고 위기의 삶 자체를 회복시켜서 새로운 삶의 가치관과 보람을 찾을 수 있도록 하기 위해서는 전능하신 하나님께 의지하여 성령의 도움과 인도를 따라야 하겠다.

② 문제파악의 접근단계

첫째, 문제파악의 준비단계이다.

피상담자와 상담 전에 약간의 준비하는 시간을 가져야 하겠다. 먼저 상담자는 성령님의 조명하심과 인도하심의 도움을 기도로 요청한다. 그동안 피상담자는 차를 대접하거나 부담없는 말을 건네면서 친근감을 가지고 어색한 분위기를 전환시키도록 준비한다.

둘째, 문제파악을 위한 경청단계이다.

상담자와 접견이 이루어지면 상담자는 내담자의 문제를 파악하기 위하여 자신의 문제를 자연스럽게 내어놓도록 유도해야 한다.

예를 들어서 자연스러운 대화로 "어떤 일로 오셨습니까?"하고 얘기를 경청하다가 중간에 "그럼 그 문제를 두고 어떤 조치를 취하고 있습니까?"라는 질문으로 경청하게 되면 그 사람 스스로의 해결방법을 말하게 된다. 그 때 상담자가 조금만 조언해 주면 될 것이다.

여기에서 가장 중요한 것은 상대가 충분히 얘기할 수 있도록 인내를 가지고 경청하는 것이다.

피상담자의 답변을 주의깊게 경청하면서 그의 현재 상황과 문제점을 정확하게 파악하게 되면 상담자는 피상담자로 하여금 자신의 문제를 명확히 볼 수 있도록 도와줄 수 있다.

현실파악을 정확히 할 수 있도록 조력하는 것이 상담자의 목적이라 할 수 있다.

　문제 파악 단계에서는 경청을 통해서 정확히 문제를 끄집어내는 것이 요령이라 할 수 있을 것이다.

　셋째, 문제파악을 위한 관찰단계이다.

　피상담자의 문제를 파악하기 위하여 상담자는 피상담자의 언행이나 그의 행동을 주의깊게 관찰하면 많은 정보를 얻을 수가 있다.

　언성이 올라가는 부분과 분노하는 부분, 눈물을 글썽이며 흘리는 부분, 자세를 바꾸는 부분 등 그 사람의 행동거지를 유심히 관찰하면 피상담자의 성격이나 감정상태를 알 수 있는 중요한 단서가 될 것이다.

　예를 들어 피상담자가 몇 번씩이나 거론하는 부분, 상담 처음 말이나 끝의 말을 잘 대조하면 피상담자의 관심의 초점을 알 수가 있다.

③ 상담인이 갖추어야할 기본 자세

　첫째, 주어진 소명을 항상 기뻐하며, 피상담자에게 기쁨과 소망을 전달하는 사람이 되어야 한다.

　둘째, 쉬지말고 기도하며, 성령님께 의지하는 영성적 상담자가 되어야 한다.

　셋째, 범사에 감사하며, 모든 일에 긍정적 사고를 지닌 사람이어야 한다.

　넷째, 비기독교적인 상담이 아니라 성경의 범주 안에서 진리를 전하는 주님의 말씀 중심으로 믿음이 견고한 자라야 한다.

　다섯째, 모든 일에 상담자 자신 스스로 신앙의 본이 되고 상담자로서의 인격을 갖추어야 한다.

　여섯째, 악한 것은 어떠한 모양이라도 다 버려야 하며 상담의 책임감을 느껴야 한다.

일곱째, 상담의 기본적 자세와 상담자의 자격을 상실치 않아야 한다.

④ 상담자가 피상담자를 대할 때 요령사항

첫째, 피상담자에게 용기와 희망을 주어야 한다.

둘째, 피상담자의 의중파악을 정확, 신속히 알아야 한다.

셋째, 피상담자의 문제를 확실히 지적하고 현실적으로 직관케 한다.

넷째, 상담자의 조언을 거부감없이 수용하게 하기 위하여서는 신뢰감을 주어야 한다(확고한 의지로 확신감).

다섯째, 자신의 수단이나 방법론의 잘못된 부분을 알려 주고 인본적인 것을 신본적인 중심에서 긍정적인 시각론을 제시한다.

여섯째, 회복과 전환점의 마련과 구체적인 행동 변화 및 도울 수 있는 방법을 제시한다.

일곱째, 피상담자의 솔직한 고백 신앙으로 회개 촉구한다(영성 치료).

⑤ 상담자가 피상담자를 대할 때 주의 사항

첫째, 상담자 자신의 지나친 감정표현을 해서는 안된다.

둘째, 피상담자의 애기에 빠져들어 상대를 함부로 단정해서는 안된다(분별).

셋째, 다른 교회에 속한 피상담자를 내 교회에 속하게 하려고 해서는 안된다.

넷째, 의학적인 것을 부정하고 무조건 신앙으로 끌어들여서는 안된다(본인의 결정).

다섯째, 피상담자와 논쟁을 하거나 상담자 자신의 의견을 무조건적으로 주입해서는 안된다,

여섯째, 이혼을 강요하거나, 부부관계의 갈등을 초래해서는 안된다.

일곱째, 무책임한 얘기나 무계획적인 일을 강압적으로 결정케 해서는 안된다.

⑥ 개인 상담의 요령

상담시 상당한 경험과 요령이 필요할 것이다. 상담을 많이 한 사람은 요령과 상담 방법에 익숙해 있기 때문에 피상담자를 대할 때 자신감이 있다. 하지만 상담을 자주 해보지 못한 사람은 상담의 자신감이 없기 때문에 사실 불안한 마음부터 드는 사례가 허다한 것을 본 적이 있다.

"아무 것도 염려하지 말고 오직 모든 일에 기도와 간구로, 너희 구할 것을 감사함으로 하나님께 아뢰라 그리하면 모든 지각에 뛰어난 하나님의 평강에 그리스도 예수 안에서 너희 마음과 생각을 지키시리라"(빌 4:6-7).

모든 것을 하나님께 맡길 때 그 분이 주관하시고 역사하여 주실 것이다. 그러므로 상담에 임할 때 다음과 같은 자세가 필요하다.

첫째로, 내가 하는 것이 아니므로 용기와 자신감을 가지고 임해야 한다.

둘째로, 모든 것을 하나님께 맡기고 기도 후 상담에 임해야 한다.

셋째로, 모든 해결의 방법은 성령의 인도와 지시대로 순종한다.

다음은 상담에 임하는 요령이다.

첫째, 피상담자의 문제는 어디까지나 그의 문제이다. 그러므로 그

문제를 다 짊어지겠다는 생각은 버려야 한다. 상담자는 상담이 끝난 뒤 털어버려야 한다.

둘째, 공개석상의 상담은 금물이다.

셋째, 피상담자의 얘기를 인내있게 잘 들어야 하며, 얘기를 하도록 해야 한다.

넷째, 울면 울도록 그대로 놔둔다(내적 치유).

다섯째, 피상담자의 고통과 아픔을 함께 나누는 심정으로 상담하여야 한다.

여섯째, 소망을 주고 삶의 확신과 기쁨을 심어주는 상담자가 되어야 한다.

일곱째, 다른 사람과 분쟁할 요지나 인간관계에 있어서 대적할 수 있는 소지는 피한다.

여덟째, 피상담자의 신상이나 상담의 비밀은 확실하게 지켜주어야 한다. 상담한 내용의 얘기가 밖으로 나도는 무책임한 상담자는 기본적으로 자격을 상실한 상담자이다.

아홉째, 상담 자체가 평안해야 한다. 불안감, 두려움 등을 주는 상담은 피해야 한다.

마지막으로 지레짐작, 상대방 비난, 잘못된 판단, 불확실한 결정, 무리한 요구, 강압적인 강요, 자신감 상실, 흥분, 고성 등 불필요한 부정적인 요소를 배제해야 한다.

영성적 상담은 소망을 주어야 한다. 사랑으로 감싸주고 용서와 자비와 긍휼로 치유할 때 개인상담으로써 그 역할을 다할 수 있을 것이다.

이제 영성상담이 필요로한 시대가 왔다고 본다. 인간이 인간의 문제를 해결할 수 있다고 하는 데에는 분명히 한계가 있다. 그러므로

천지를 창조하신 하나님께 의뢰하여 근원적인 문제를 해결해나가야
한다.

영성상담은 예수 그리스도의 중심적인 상담이다. 즉 주님이 상담의
주체가 되셔서 그분의 의견에 따른 상담이 영성상담의 핵심이라 할
수 있다.

올바른 영성상담으로 건강한 신앙생활이 이루어질 때 하나님께 영
광드릴 수 있는 은총의 삶이 주어진다.

3. 영성 상담의 성경 적용법

상담의 주체는 예수 그리스도이시다. 내 생각이나 나의 주장으로 하는 것이 아니라 주님의 의견을 받아들이는 것이라고 할 수 있다. 그러므로 말씀 중심이 되어야 하겠고, 성경 중심으로 상담을 하여야 완벽한 영성적 상담이 될 것이다.

성구 모음을 잘 활용하여 상담에 임하면 훌륭한 신앙 상담자가 될 수 있을 것이다.

(1) 성경말씀을 적용시키는 요령

가장 완벽한 상담의 결과는 결국 말씀 중심의 상담이다. 그러므로 내담자에게 권고 상담 및 권면을 하고자 함께 필요한 성경 구절을 사용하게 된다.

① 성경 구절을 상담자가 내담자에게 알려주고 읽게 한다.

② 성경 말씀으로 내담자에게 권면하게 되면 효과적인 방법이 될 것이다.

③ 필요한 성경 구절만 인용한다.

너무 많은 것을 전달하게 되면 뜻이 흐려진다.

④ 상담자 본인이 성경구절에 의미나 뜻을 잘 분석하고 있어야 한다.

(2) 성경말씀이 상담에 미치는 영향

① 죄로 인한 문제가 해결된다.

② 대속의 은총으로 말미암아 구원의 확신과 믿음을 일으켜준다.

③ 중생하여 거듭나게 할 뿐 아니라 확실한 변화를 주게 된다.

④ 성결함과 자책감 및 자격지심을 해소하여 삶을 자유롭게 한다.

⑤ 인생의 무목적성을 없애주며 정확한 목표와 삶의 활기를 준다.

⑥ 중요한 결정 및 통찰력을 준다.

⑦ 지식과 지혜를 주어 환경을 극복하는 믿음을 준다.

(3) 신앙상담시 도움을 주는 성경구절

<경제적, 가정적 어려움에 처했을 때 주시는 약속>

① 재정적으로 어렵습니다.

시편 109:30-31, 시편 9:18, 시편 107:41, 시편 35:10, 잠언 15:16, 신명기 15:6, 사무엘상 2:7, 신명기 15:4-5, 이사야 25:4, 빌립보서 4:19, 데살로니가후서 3:8, 데살로니가후서 3:10

② 실직했습니다.

데살로니가후서 2:16-17, 시편 128:1-2, 시편 31:3-4, 고린도전서 15:58, 고린도후서 9:8, 빌립보서 1:6, 사무엘상 12:22, 로마서 8:28, 이사야 58:11, 잠언 16:3

③ 사업에 실패했습니다.

욥기 1:21-22, 시편 37:5, 갈라디아서 6:8, 야보고서 4:15, 룻기 2:12, 시편 50:14-15, 시편 46:1-3

④ 자녀가 속을 썩입니다.

잠언 30:17, 잠언 23:22, 잠언 19:26, 신명기 5:16, 디모데전서 5:4, 히브리서 12:8, 잠언 17:25

⑤ 자녀가 없습니다.

창세기 21:1-3, 히브리서 11:1, 창세기 25:21, 누가복음 1:13, 사무엘상 1:20, 누가복음 23:29

⑥ 사랑하는 사람과 사별했습니다.

요한계시록 14:13, 야고보서 4:14, 요한계시록 7:17, 이사야 25:8, 고린도후서 5:8-9, 고린도후서 5:4, 시편 90:10, 데살로니가전서 4:13-14

⑦ 이혼을 하려 합니다.

고린도전서 7:10-16, 마태복음 5:32, 베드로전서 4:8, 마가복음 10:6-9

⑧ 병상에 누운 가족이 있습니다.

출애굽기 15:26, 예레미야 17:14, 야고보서 5:16, 호세아 6:1, 예레미야 33:6, 이사야 38:16-17, 시편 103:2-4, 신명기 7:15

<좋지 않은 감정, 생각에 대하여 주시는 약속>

① 두렵습니다.

잠언 29:25, 시편 27:1, 신명기 31:6, 베드로전서 3:12-14, 디모데후서 1:7, 히브리서 13:6, 이사야 54:14, 로마서 8:31, 이사야 43:1-2, 시편 23:4

② 낙심하게 됩니다.

시편 55:22, 고린도후서 4:16, 에베소서 3:13, 히브리서 12:5, 히브리서 12:3, 갈라디아서 6:9, 빌립보서 4:13, 이사야 40:29-31, 고린도후서 4:17-18

③ 부끄럽습니다.

시편 25:2-3, 시편 119:6, 이사야 50:7, 요한1서 2:28, 디모데후서 2:15, 베드로전서 4:16

④ 걱정이 됩니다.

빌립보서 4:6-7, 베드로전서 5:7, 마태복음 6:31-34, 시편 37:7, 요한복음 14:1-3, 잠언 24:19-20, 누가복음 12:28-30, 누가복음 12:24-26

⑤ 슬픕니다.

　고린도후서 1:3-4, 마태복음 5:4, 시편 30:11, 이사야 61:3, 요한복음 16:22, 예레미야 31:13, 이사야 51:11, 베드로전서 2:19, 이사야 35:10

⑥ 화가 납니다.

　잠언 14:29, 잠언 29:11, 전도서 7:9, 에베소서 4:31-32, 마태복음 5:22, 골로새서 3:8, 잠언 14:17, 잠언 19:11, 시편 37:8, 잠언 29:22, 잠언 16:32, 잠언 25:28, 잠언 22:24-25, 에베소서 4:26, 잠언 15:18, 야보고서 1:19-20

⑦ 죽고 싶습니다.

　시편 42:5, 고린도전서 6:19, 욥기 3:2—23, 전도서 2:17, 히브리서 12:6

⑧ 열등감이 생깁니다.

　여호수아 1:5-6, 로마서 8:37, 시편 139:13-14, 에베소서 3:11-12, 잠언 14:26, 이사야 41:11-13, 요한1서 4:4, 요한2서 3:20-22

⑨ 불평 불만이 생깁니다.

　시편 107:9, 전도서 1:8, 전도서 5:10, 고린도전서 3:3, 야보고서 3:14-16, 전도서 6:7, 이사야 55:2, 이사야 29:8, 디모데전서 6:6, 잠언 19:3, 예레미야애가 3:39, 고린도전서 10:10, 디모데전서 6:8

⑩ 외롭습니다.

시편 139:7-10, 시편 37:28, 사도행전 17:27, 이사야 58:9, 요한복음 14:18, 창세기 28:15, 신명기 4:31, 이사야 49:15, 시편 9:10, 이사야 54:10, 이사야 54:7, 이사야 42:6, 시편 68:6, 야고보서 4:8

〈신앙생활에 어려움이 생겼을 때 주시는 약속〉

① 구원의 확신이 없습니다.

시편 37:39, 시편 62:2, 이사야 12:2, 이사야 45:21-22, 요한복음 3:18, 베드로후서 3:9, 고린도전서 1:21, 고린도전서 15:2, 로마서 10:9, 디모데후서 3:15, 사도행전 2:21

② 기도하기가 힘듭니다.

야고보서 1:6-8, 이사야 55:6, 히브리서 11:6, 마태복음 5:23-24, 데살로니가전서 5:17, 야고보서 4:3, 마가복음 11:25

③ 믿음이 흔들립니다.

시편 32:5-6, 시편 32:7-8, 이사야 43:7, 시편 32:10-11, 마태복음 24:44-46

④ 교회 가기가 싫습니다.

히브리서 4:16, 갈라디아서 5:7, 히브리서 3:14, 이사야 58:13-14, 로마서 12:11, 로마서 7:23-24, 갈라디아서 6:7, 마태복음 11:28, 히브리서 10:25

⑤ 우상과 미신을 끊지 못합니다.

요한1서 2:26-27, 마태복음 24:11, 야고보서 5:19-20, 시편 95:10-11, 마태복음 7:15, 시편 106:36, 이사야 45:16, 마태복음 7:21, 에베소서 5:5, 신명기 11:16, 고린도전서 5:11, 마태복음 24:24, 베드로후서 4:17, 다니엘 12:10

⑥ 술 담배를 끊기가 어렵습니다.

에베소서 5:18-20, 잠언 20:1, 갈라디아서 5:21, 베드로전서 4:3, 잠언 21:17, 누가복음 21:34, 디도서 1:7, 잠언 23:20-21, 고린도전서 6:20, 고린도전서 6:12, 로마서 13:14, 갈라디아서 5:24, 로마서 6:12-13

⑦ 재물에 집착합니다.

마태복음 19:21-22, 히브리서 13:5, 이사야 55:1, 마태복음 4:4, 마가복음 8:36-37, 마가복음 14:11, 마태복음 6:24, 잠언 11:28, 누가복음 12:15, 사도행전 8:18-20, 잠언 11:4, 디모데전서 6:10, 잠언 23:4-5, 잠언 28:20, 디모데전서 6:17-19

⑧ 죄를 짓고 낙심했습니다.

사도행전 8:22, 누가복음 15:7, 역대하 7:14, 이사야 55:7, 잠언 28:13, 요엘 2:13, 시편 34:18, 요한1서 1:9, 요한2서 2:1-2, 에베소서 1:7, 베드로전서 2:24, 고린도후서 5:17, 로마서 6:6-7, 이사야 53:5-6, 요한1서 3:5, 로마서 6:14

⑨ 유혹을 이기기 어렵습니다.

디모데전서 5:6, 베드로후서 2:13, 잠언 18:9, 디모데후서 3:4, 누가복음 12:19-21, 로마서 8:13, 요한1서 2:16-17, 야고보서 4:4, 골롸서 3:5, 베드로전서 2:11, 갈라디아서 5:16-17, 베드로전서 4:2, 고린도전서 9:27, 베드로후서 1:4, 잠언 25:16, 야고보서 4:1, 디도서 2:11-12

⑩ 시험이 닥쳐옵니다.
베드로전서 4:12-13, 마태복음 26:41, 야보고서 1:12, 고린도전서 10:13, 베드로후서 2:9, 야고보서 1:2-3, 누가복음 10:19, 로마서 16:20, 야고보서 1:13

<인간관계에 어려움이 생겼을 때>

① 주변 사람과의 관계가 좋지 않습니다.
로마서 15:2, 갈라디아서 6:2, 고린도후서 6:14, 로마서 12:18-19, 베드로전서 2:12, 잠언 18:19, 고린도전서 1:10, 빌립보서 2:1-2

② 말의 실수가 많습니다.
잠언 16:24, 잠언 17:27, 잠언 25:11, 잠언 15:23, 전도서 9:17, 전도서 10:12, 전도서 12:11, 전도서 3:7, 욥기 6:25, 디모데후서 1:13, 디도서 2:8, 야고보서 3:2, 야고보서 3:6, 잠언 18:8, 잠언 11:13, 잠언 25:23, 잠언 15:1, 잠언 18:6, 잠언 18:13, 잠언 17:9, 잠언 12:18, 잠언 25:9

③ 증오스럽습니다.

마태복음 5:44, 로마서 12:20, 출애굽기 23:5, 잠언 25:21-22, 누가복음 6:35, 마태복음 5:46, 로마서 12:14, 누가복음 6:27, 데살로니가전서 5:15, 욥기 31:29, 잠언 24:17, 레위기 19:18

④ 이웃 사랑하기가 힘듭니다.

요한1서 3:14, 요한1서 4:21, 요한복음 15:13, 로마서 12:10, 갈라디아서 5:13, 데살로니가전서 4:9, 잠언 17:17, 요한1서 4:11, 베드로전서 1:22, 로마서 15:1

⑤ 사랑은 허다한 허물을 덮습니다.

고린도전서 13:4, 잠언 10:12, 요한복음 15:12, 로마서 12:9, 고린도전서 13:1, 요한복음 13:34-35, 고린도전서 13:13, 요한1서 4:7-8, 요한1서 3:18

성경 말씀을 적용시키는 요령을 잘 적용하면 지혜롭고 현명한 상담 효과를 얻을 수 있을 것이다. 그러므로 구절별로 상담자 본인이 먼저 숙지를 하고 있어야 한다.

잘 분석하여서 필요한 성경 구절만 인용하고 될 수 있으면 불필요한 구절들을 자꾸 덧붙여 나가는 방법으로 해서 본질의 뜻이 흐려지게 해서는 안된다.

여기에 소개된 성경구절은 지면상 간단히 중요한 것만 기록하여 예를 들은 것이다. 이것에 만족하지 않고 더 많은 성경구절을 중요한 제목별로 준비하는 상담자만이 훌륭한 사역을 감당할 수 있으리라 본다.

아무쪼록 훌륭한 상담으로 건강한 신앙생활로 인도하는 지침서가
되었으면 한다.

세미나 안내

1. 건강한 삶을 위한 영성 세미나

하나님이 주신 아름다운 우리의 인생과 건강한 삶을 위해서는 어떻게 해야 할까요?

첫째로, 하나님이 주관하시는 건강한 신앙의 삶이 되어야겠다. 건강한 신앙의 삶으로 인도하시는 하나님의 손길이 우리 삶의 전반적인 부분에 역사하심과 주관하심이 있어야 할 것이다.

둘째로, 성령으로 인도받는 삶이 되어야겠다. 우리들의 삶은 오염되고 부패한 삶이기 때문에 성령의 인도하심 없이는 불안과 절망적인 연속의 삶이다. 그러므로 신령하고 건강한 삶을 살기 위해서는 반드시 성령의 인도하심과 도우심이 있어야겠다.

셋째로, 건강한 삶의 본이 되시는 예수님을 닮아가는 삶을 이루어야겠다. 참된 인간성의 본이 되시는 주님을 닮아가는 삶이야말로 하나님이 바라시는 가장 이상적인 삶이요 바람직하고 건강한 삶의 모델일 것이다.

이상과 같은 주제와 신앙성장 및 성숙을 위한 영성세미나에 여러분을 초청합니다.

2. 영성회복이 이루어지면

① 불안, 두려움, 염려, 근심이 사라집니다.
② 확신, 담력, 희망, 기쁨이 생기게 됩니다.
③ 환경을 극복하는 내적인 힘이 생깁니다.

3개월 연속훈련과 교육을 통하여 많은 분들이 은혜 가운데 영성회복과 아울러 능력있는 건강한 삶을 되찾고 기쁨과 평안의 행복을 체험하고 있습니다. 확신적인 삶과 신앙회복과 영적 성숙함을 위하여 많은 참여로 주께 영광 드리며 승리하는 삶을 이룹시다.

저자 김 한 기 드림

영 성 회 복

·회복 4단계 및 영성 훈련법을 통하여 침체된 영혼을 부활시켜 능력있는 삶의 역사를 체험할 수 있습니다.
·기쁨, 확신, 담력, 믿음, 소망, 사랑으로 절망감을 극복하여 천국의 평안과 안식의 기쁨을 누릴 수 있습니다.
· 영성 회복을 통하여 모든 삶의 문제와 질병 등이 해결되는 역사가 일어납니다.

— 세미나 안내 —

기　간 : 매주 반복교육 및 세미나(3개월 단계별 연속훈련)
일　시 : 매주(화요일, 목요일 오후 2-5시)
장　소 : 강남은혜 치유선교센터
대　상 : 영성회복으로 부활의 체험을 원하시는 분
강　사 : 김한기 목사와 동역강사 3명
등록비 : 1개월 일반 50,000원(교재 및 중식 제공)
교역자 : ₩30,000원(목회자 세미나반)

— 강의 내용 —

구원론, 성령론, 회복 4단계, 영성훈련 및 상담, 내적 치유 등 사명자 및 영성훈련 강사를 동역자로 초청합니다.

영성세미나를 원하는 교회의 부흥집회도 상담해 드립니다.

〈강남은혜 치유선교 센터〉
전　　화 :(02)556-3611, 556-3466 Fax.(02)556-1119
홈페이지 : www. Eun Hye.or.kr
주　　소 : 서울시 강남구 삼성동 147-15 아셈길 6

*
영성회복
*
발행일 — 2000년 12월 15일

*
지은이 — 김 한 기
펴낸이 — 이 규 종
펴낸곳 — 엘맨출판사
*
서울시 마포구 합정동 433 - 62
출판등록 — 제10 - 1562호(1985. 10. 29.)
*
TEL. — (02) 323-4060
FAX. — (02) 323-6416
e-mail — elman1985@hanmail.net
*
잘못된 책은 바꾸어 드립니다.
*
값 7,000원